渡辺有子の料理 あかさたな

はじめに

素材を一番おいしい食べ方で食べたいなと、いつも思う。
手をかけすぎず、そのもののよさを感じられるように。
その時々でみつけた素材を手にすると、
どう料理しようかとジッと考える間もなく、
最終の形と味が頭をめぐっている。
素材を選んで料理する。
ただそのシンプルなことに集中してみるのもいいと思った。
今の私はどんな素材を選ぶのか、まずそこから。
そう考えただけで自分でもわくわくした。
そこから何がみえてくるのだろう。
選んだ素材を調理法でもなく、季節でもなく、大きいでも小さいでもなく、
並べてみる。
だから、単純に「あかさたな」の順番にすることにした。
「あかさたな」で続いていく素材と料理は、ただただ同列に並んでいく。
隣にくるものも偶然でしかない。
それを全部同じ角度、真上からみてみる。
自分の選んだ素材を俯瞰《ふかん》するってこと。
それは今の自分の料理を俯瞰してみるってことでもある。
好きな理由は？
いつから好きなのか？
それがどんなものなのか。
「あかさたな」で並んだ素材をどうひとつの皿にしていこう……。
シンプルにそれだけを思って料理した59個のレシピ集です。

渡辺有子の料理 あかさたな　目次

[つくり方の注意]
★材料は全て2人分、またはつくりやすい分量です。分量の単位は小さじ1＝5ml、大さじ1＝15ml、カップ1＝200mlです。
★オリーブ油は、エキストラ・ヴァージン・オリーブ油を使っています。
★塩は自然塩、黒こしょうは黒粒こしょうをひいて使います。
★野菜をゆでる時の塩、酢水の酢は、基本的に材料に含まれていません。
★オーブンを使って調理する場合、加熱時間や温度は機種によって差があります。レシピ内の表記を目安に加減してください。本書ではガスオーブンを使用しています。

アサリとじゃがいものパセリソース

飯ダコのノワール煮

しっかりしなくちゃ、せっかくの料理が台無しにならないために。これはアサリの下ごしらえ、砂出しのこと。おいしい途中にガリッとなるとその食卓が一時停止する。私は食べてくれる人にすまない気持ちでいっぱいになる。ごめんね、と謝る自分もがっかりした気分になる。だから、アサリの砂出しは、しっかりしなくては。

平らなバットに海水程度の塩水をはって、暗いところにしばらくおいておく。ピュゥピュゥッと水を吹いて元気がいいのを見ると安心する。いつだったか、撮影現場でアサリの砂出しをしていると、編集者が「アサリって飛びますよね〜」と言った。「えっ？」。私もその場にいたスタッフも頭の中は〝？〟マークでいっぱい。彼女いわく、それは子どもの頃の出来事。夜、お母さんがアサリの砂出しをしていた。翌朝、キッチンでボウルからだいぶ離れたところにアサリがひとつ飛んでいたそうな。さらに、今まさに飛び出そうとしているアサリがボウルにはりついていたという。「そんな、ばかなぁ」との一同の声に、彼女は「いや、アサリは飛びます」と真顔。 いつか、アサリが飛ぶところに私も遭遇できるだろうか……。

あ　アサリとじゃがいものパセリソース

2人分
アサリ殻つき　250g
じゃがいも　2個
ニンニク　1かけ
パセリ　¼束
オリーブ油　大さじ2
塩、黒こしょう　各適量
白ワイン　50ml

1 アサリは砂出しをして、よく洗う。
2 じゃがいもはよく洗い、半分に切って水にさらし、塩ゆでして皮をむく。
3 ニンニクはつぶし、パセリはみじん切りにする。
4 鍋にオリーブ油とニンニク、半量のパセリを熱して、アサリを加えざっと炒めたら、じゃがいもを大きめにつぶして、黒こしょう、白ワインをふり入れる。
5 ふたをして中火弱で火を通し、アサリの口があいたら味をみて（塩が足りなければふり）、残りのパセリを加えて全体に合わせる。

子どもの頃、イカ飯が好きだった。胴体にもち米が詰めてあり、甘く煮つけてある。普段の食卓にはのぼらないもの。だから強く印象に残ったのか、いつも「また、あれ食べたいなぁ」と思っていた。飯ダコも小さなごはんが詰まっていると思っていた。小さなごはんってなんだ？ って感じだけど、ずっとそう思っていた。

あれは卵だと知ってからも、私の中ではその名の通り、〝ご飯〟が詰まっている。小さなごはんが詰まった小さなタコ。その印象からくる風貌のかわいさも好きなところ。今日はトマトで煮てみよう。甘酸っぱくて真っ赤なソースにクルクルとカールした小さな足がかわいいだろうな、と想像して。ふたを開けて様子をうかがうたびに大きかった飯ダコが思った以上に小さくなって、それもなんだか火星人のよう（火星人を見たことはない）。真っ赤なはずのソースは煮詰まり、黒くなっていくことにも驚いた。味をみるとトマトに火星人がものすごく参加して、見た目は悪いが味は奥深いものになっていた。予想は外れたけど、飯ダコのどこか憎めないかわいさも、懐の深さも再確認する結果になった。別名、火星人のノワール煮。

飯ダコのノワール煮

2〜3人分
飯ダコ　400g
玉ねぎ　¼個
ニンニク　1かけ
タカの爪　1本
オリーブ油　大さじ1
トマトホール　200g
カレー粉　小さじ½
白ワイン　大さじ2
塩、こしょう　各適量
イタリアンパセリ　適量

1 飯ダコは水でよく洗って水気をふきとる。
2 玉ねぎは粗めのみじん切り。ニンニクはかるくつぶす。
3 鍋にオリーブ油とニンニク、タカの爪を入れて熱し、香りが出たら玉ねぎをよく炒める。
4 トマトホールをつぶして加え、カレー粉、白ワイン、塩、こしょうを加える。
5 飯ダコを加え、ふたをずらして40分煮込む。
6 味をみて、足りなければ塩、こしょうで味をととのえ、刻んだイタリアンパセリを散らす。

イワシのエスカベーシュ

うどのグリル梅ソース

洋風にエスカベーシュなんて気取ってみたものの、イワシはそれをうまい具合に裏切ってくれた。上品な言葉はいらない。港町の食堂で出てきそうな、揚げ魚の酢漬け。少し乱暴なくらいの仕上がりが似合う。抜きん出ている身のやわらかさとは裏腹に口にした時のうまみは力強さを持つ。そんなところがイワシの魅力。

身のやわらかさで思い出した。初めて魚をさばいたのはイワシだった。さばくというのが正しいかどうか、イワシの手開きが記念すべき魚道の第一歩。手開きはおもしろいほどに身の構造がよくわかる。頭から尻尾までツーッと手を滑らせれば無駄なくはがれて、骨の身離れのよさがよくわかる。しばらくの間、イワシのフライが食卓に並んだっけ。揚げ魚の酢漬けはもっぱらアジの南蛮漬けだった私だが、今やイワシの登場回数が上回っている。安価なもので充分だが、よく冷えた白ワインと合わせれば、昼下がりの幸せなひと皿になる。

い　イワシのエスカベーシュ

2人分
イワシ　4～6尾
紫玉ねぎ　½個
A
- 赤ワインビネガー　大さじ2
- 砂糖　大さじ½
- 塩　ひとつまみ

タカの爪　1本
ニンニク　⅓かけ
薄力粉　適量
揚げ油　適量

1 イワシは手開きにして、塩を軽くふる。
2 紫玉ねぎは薄切りにして、流水でもみ洗いしてから水気をしぼる。
3 鍋に調味料Aと水60ml、タカの爪、すりおろしたニンニクをすべて合わせ、ひと煮たちさせる。**2**をなじませておく。
4 油を中温に熱し、イワシの水分をペーパーでおさえてから薄力粉を軽くまぶして2～3分揚げる。
5 皿に**4**を並べ、**3**をのせる。

春の訪れは嬉しいもの。でもどうにも気持ちがついていかないと思ったことはないだろうか。陽気が自分より元気という不思議な感覚。ひとり置いていかないでよ、と泣きたくなるような。とはいえ、四季がめぐり、また始まりの時でもある。新芽もひと雨ごとにグンと伸び、春の山菜や野菜も一段とにぎやかになる。

ここぞと食べたくなるもののひとつに、うどがある。真っ白でやわらか、ほのかに鼻に抜ける独特な香りはこの時期だけに出合える嬉しいもの。うぶ毛のあるピンクがかった肌もちょっとかわいらしいところ。うぶ毛はよく洗い落として皮も食べる。皮も、といったけれど、どちらかというと内側より、外側の皮が食べたいところ。より、うどらしい香りが感じられる。根菜などもそうだが、皮のところに一番のおいしさがあるように思うから皮つきのまま料理して、素材そのものの持つ力強さを感じたい。

うどのグリル梅ソース

2人分
うど　1本
梅干し　1個
木の芽　4～5枚
オリーブ油　大さじ1
A
酢　小さじ1
酒　小さじ2
しょうゆ　小さじ1
ゴマ油　小さじ1
黒こしょう　適量

1 うどは皮をよく洗い、長さを4等分にして、太い部分は縦4等分に切り、酢水にさらす。
2 オーブンを200℃に温め、うどをのせ、オリーブ油をまわしかけ、20分焼く。
3 梅干しは包丁でたたき、木の芽は粗みじんに刻む。
4 **3** に調味料Aを合わせる。
5 グリルしたうどに、**4** を好みの量、まわしかける。

エビ芋と香菜のスープ

お

押し麦とエビのサラダ

年も押しせまる頃になると、八つ頭や赤芽と並んで目にする、エビ芋。ほどよいねっとり感とでもいおうか、里芋ほどのねばりはなくあっさりとしている。これがエビ芋のいいところ。味もさらりとしていながら、個性的。しっかり存在感がある。まぁ、ようするに格好いい大人な感じなのだ。

料理する方もスマートにいきたいところ。野暮ったく煮ものにするんじゃ、もったいない。すっきりと澄んだスープに仕上げてみたい。エビ芋はくれぐれも煮くずれないようにゆっくりと静かな火を加えていく。そしてだしの効いたスープのシンプルさに少しだけ複雑なエッセンスを取り込む。香菜の根がひとさじの隠し味。どこまでも澄んだスープに深い味わいを眠らせる。主役と脇役、両方が役どころを発揮してこのスープは成り立つ。エビ芋の個性をストレートに味わうための、ちょっと洒落のきいた大人のスープ。

え　エビ芋と香菜のスープ

2人分
エビ芋　1個
香菜　大1茎
昆布　3cm
削りかつお　ひとつかみ
しょうが　大1かけ
粗塩　ふたつまみ
ナムプラー　小さじ1

1 昆布を水700mlに浸し、しばらくおいてから火にかけ、フツフツしたら削りかつおをたっぷり入れ濃いめのだしをとる。
2 エビ芋は4等分に切って厚めに皮をむき、下ゆでして水で洗う。
3 鍋に **1** と香菜の下⅓の根元部分、しょうがのスライス、エビ芋、粗塩を入れてふたをし、弱火にかける。
4 煮汁がにごらないよう、ゆっくりとエビ芋がやわらかくなるまで火を通し、味をみながらナムプラーを加え、アツアツを器に盛る。
5 刻んだ香菜の葉をのせる。

ツルツルッとして、プチプチの食感が楽しい。ペチャンと押されて平らになった真ん中に茶色い筋が入っている。白米に少しの割合で混ぜると栄養もさることながら、軽い口当たりになる。とろろ汁をつくった時はきまって、麦ごはんを炊く。スルスルと喉ごしよく、何杯でも食べられる。ツルツル、プチプチを活かしてサラダにしたら、またまた、たくさん食べられる。ゆであげて温かいうちにレモンとオイルをなじませれば、味もやわらかく浸透する。プリッとしたエビにホクッとしたそら豆。押し麦とは違う食感のものを合わせると、これがまた楽しい。たっぷりと食べれば、お昼ならこれだけでもいいくらい。サラダごはんといったところだろうか。きゅうりやトマト。サーモンやハム。サンドイッチにむく具材なら、たいていはおいしいんじゃないかな。さながら、押し麦はサンドイッチのパンのような存在。いろいろな素材をちゃんと受け止める。

押し麦とエビのサラダ

お

2〜3人分
押し麦　90g
エビ(中)　10尾
そら豆　24粒
オリーブ油　大さじ2
レモン汁　½個分(約大さじ2)
レモンの皮　½個分
塩、黒こしょう　各適量
バジル　適量

1 エビは殻をむき、塩水で洗ってから背に切れ目を入れ、背ワタを取る。そら豆は薄皮をむく。
2 押し麦はさっと洗ってたっぷりの湯に小さじ1の塩を入れて15分ゆでる。大きめのザルにとり、水分をきる。
3 蒸気のあがった蒸し器でエビとそら豆を一緒に5分蒸す。
4 素材を合わせてオリーブ油をまわしかけ、レモン汁、黒こしょうで和える。麦をゆでる時にしっかり塩をつけているので、塩は味をみてから加減する。
5 味をなじませたら、レモンの皮、バジルをちぎって散らす。最後に、オリーブ油適量と黒こしょうをふる。

牡蠣のエシャロットソース

か

カシューナッツの塩チャーハン

生食用と加熱用。鮮度の違いだとずっと思っていた。だから加熱して食べる時も生食用を買うことにしていた。だけどこれはただの思い込み。生育する海域、プランクトンの量による栄養素の違い、殺菌の違い、というのが正しいところで、鮮度の問題ではない。

海のようなおいしさも、ミルクのようなおいしさも、ツルッと喉を駆け抜けていく。プリッとして、とろっとした肌が魅力なのだ。だからなるべく衣は着せないのがいいと思っている。家でつくるなら牡蠣フライより、バター焼き。バター焼きより、マリネ。生牡蠣は一番おいしい時期にちょっとだけ、おいしいお店で食べるのが好き。

マリネには食感のアクセントをつけるようにエシャロットとセロリを、酸味をきかせてソースにする。たっぷりのせたそれは、塩の海とミルクの牧場にさわやかな風が吹き抜けていくような味わいになる。

か 牡蠣のエシャロットソース

2人分
牡蠣(むき身)　240g
ニンニク　1かけ
白ワイン　大さじ1
エシャロット　½個
セロリ　⅓本
セロリの葉　刻んで適量
赤ワインビネガー　小さじ1
塩、黒こしょう　各適量
オリーブ油　大さじ1

1 牡蠣は塩水または大根おろし(分量外)でよく洗ってペーパーでふく。ニンニクはつぶす。
2 エシャロットと筋を取ったセロリを粗みじんに刻み、赤ワインビネガー、塩、黒こしょう、オリーブ油とよく混ぜ合わせる。セロリの葉も加える。
3 厚手の鍋にニンニク、牡蠣、塩、白ワインを入れて、身がプリッとなるまで炒りつける。
4 牡蠣を皿に並べ、上に **2** をなじませるようにかける。

子どもの頃、母がつくってくれていたものに、中華おこわがある。中には干ししいたけと干しエビとカシューナッツが入っていた。もう少し、何か入っていたような気もするけど、覚えている味はこの三つ。竹の皮で包んで中華蒸籠でじっくりと蒸されたそれはかなり本格的に見えた。カシューナッツを食べるのはそのおこわの時だけ。炒めものやお菓子には出てこなかった。まぁ、カシューナッツを食べる機会はそうはないのかもしれないけど。あの、少しフニュッとして、決してカリカリッとはしていない食感はそのまま食べても火を通しても、あまり変わらない。カリッではない食感がお米と合わさると程よくなじみ、いいアクセントになる。

チャーハンは母がよくつくってくれたもの。これはかなり家庭的で、本格的なチャーハンからはかけ離れていた。パラリとはしていない、いわゆる、おうちチャーハン。おうちチャーハンの救世主なるものに、カシューナッツを思い浮かべたのは大人になった私。

カシューナッツの塩チャーハン

2人分
カシューナッツ　70g
キャベツ　⅙個
ちりめんジャコ　大さじ3
卵　2個
ごはん　400g
塩　小さじ⅓弱
粗塩、黒こしょう　各適量
サラダ油　大さじ2

1 キャベツは細切りにして塩でなじませておく。

2 カシューナッツは弱火でじっくりローストして粗塩を少々ふっておく。

3 フライパンにサラダ油をよく熱し、ごはん、ちりめんジャコを炒める。パラリとしてきたら溶き卵を流し入れて全体にいきわたらせる。

4 水気をしっかりしぼったキャベツを加えて強火で炒めたら黒こしょうをふる。味をみて足りないようなら粗塩でととのえる(溶けきらない塩がジャリッとしてこれもまたおいしい。カシューナッツの塩気も考慮しておく)。

5 ローストしたカシューナッツをのせる。

かぶと牛肉のステーキ

カボチャとくるみのグリル

『おおきなかぶ』という絵本をよく読んでいた。たしか小学校の国語でも習ったっけ。力を合わせて大きなかぶを抜くお話の中にいろんなことが詰まっていた。それにしてもどれだけ、大きかったのだろう。おじいさんも、おばあさんも、おねえさんも小さく見えた。犬やネズミはもっと小さく見えた。

そんなに大きなかぶをどう料理して食べたんだろう？ まずはとろとろのポタージュにしてみんなで温まったかな？ それからステーキみたいに焼いて食べたかな？ 最後は渋く、お漬けものにしたりして!? 葉っぱはどうしたかな？ かぶは葉っぱもおいしいから……。みんなで、ちゃんと食べきれただろうか。

かぶはグリルすると淡白な味に甘みが増しておいしくなる。でもグリルする加減が難しいところ。やわらかくなりすぎると繊維だけが残っておいしくないし、生焼けの中途半端さも許しがたい。白さが透き通り、歯ごたえも残る程度の焼き加減、このタイミングがとっても大事。

か かぶと牛肉のステーキ

2人分
かぶ　3個
牛肉　200g
塩、こしょう　各適量
ニンニク　⅓かけ
しょうゆ　小さじ1½
オリーブ油　小さじ2

1 かぶは茎を残して皮をむき、縦4等分に切る。
2 牛肉に塩、こしょうをふる。
3 ニンニクをすりおろし、しょうゆ、オリーブ油と合わせておく。
4 グリルパンにオリーブ油少々(分量外)を熱し、かぶが透き通るまで焼く(歯ごたえが残る程度)。牛肉も焼き、皿にかぶと一緒に盛り合わせる。
5 **3** を適量、かける。

「今日も寄って行く？」と、学生時代の帰り道、頻繁に通ったお店があった。当時そこは局地的な人気店で、あるミュージシャンが必ずオーダーするという「カボチャのプリン」を女の子たちがこぞって頼んでいたのである。

ティラミスよりずいぶん前、「カボチャのプリン」が流行った頃のこと。そこの「カボチャのプリン」はカボチャのおいしい部分だけが濃厚なプリンになった、これぞ「カボチャのプリン」といった感じだった。懐かしく思い、つい先日そのお店に行ってみた。もうなくなっているんじゃないかな？ なんて思いながら訪ねると、そこに立っていたおじさんは、いきなり「うん、久しぶりっ！」と声をかけてきたのである。久しぶりって……どれだけ時が経っていると思っているのだ。「変わってないねっ！」と次に言われたが、それはおじさんの方だ、20年近くも経つというのに。「カボチャのプリン」は？ というと、味がまったく変わっていなかったことは言うまでもない。濃厚な「カボチャのプリン」は、じっくりと時間をかけて焼いたカボチャの味がした。

カボチャとくるみのグリル

2人分
カボチャ　¼個
くるみ　30g
A 赤ワインビネガー　小さじ1½
A オリーブ油　大さじ1½
粗塩、黒こしょう　各適量
イタリアンパセリ　適量

1 カボチャはワタと種を取る。180℃に温めたオーブンの天板にシートを敷き、カボチャをのせ、やわらかくなるまで20～25分焼く。
2 オーブンを200℃に上げてくるみを脇にのせ、さらに10分焼く。途中5分たったところでくるみを取り出し、粗めに刻む。
3 くるみをカボチャに散らし、調味料Aをまわしかける。粗塩と黒こしょうをふり、刻んだイタリアンパセリを散らす。

か

カリフラワーのミルク煮

キクラゲと玉ねぎのオムレツ

ブロッコリー。食べるのは好きだけど下ごしらえの時の、あのポロポロ、ポロポロとまな板の上やら脇に散る感じがいやだなと思う、面倒くさがり屋の私。そんなことを言ってはいけないかな？ でも仕方がない、嫌いなんだもん。

ブロッコリーと常に引き合いに出されるのがカリフラワー。こちらは食べるのも調理するのも大好きな素材。生で食べても、火をさっと通しても、くたくたになるまで通しても、どれも違うおいしさを投げかけてくれる。おいしさの幅の広さを持っているカリフラワー。薄めにスライスして生で食べるとコリッ、モワッとした食感を楽しめる。例えばアンチョビーとオリーブ油でざっと手早く炒め合わせれば、ホットサラダのようで、生より歯ごたえがコリコリッとしてたくさん食べられる。今度はゆっくりゆっくり芯の奥まで火を通すと、トロリとホロホロの優しい食感に包まれる。どれをとっても「カリフラワーだなぁ」と思わせるのが、すごいところ。

か　カリフラワーのミルク煮

2人分
カリフラワー　½個
しょうが　大1かけ
塩　適量
牛乳　200ml
バター　小さじ1
パルミジャーノ　大さじ2

1 カリフラワーは葉や茎も少しついたまま鍋に入れ、しょうがスライスと水300ml、塩ふたつまみを加えてふたをし、弱火でゆっくり火を通す。
2 カリフラワーがかなりやわらかくなったらしょうがを取り除き、木べらで粗めにつぶして牛乳を加える。
3 中火でフツフツとしたら、弱火でさらに10分煮込み、バターとパルミジャーノを溶かす。

食器棚を見渡すと、そこは白い食器の重なり合い。白い中にも青みがかったものもあれば黄みがかったものもあり、白い世界にもいくつもの白があると気づく。よくこうも白い器を集めたものだ、と自分でも感心するほどだけど、白は素材や料理の色が純粋に映し出されるし、料理が盛られて初めて完成するところがいいなと思っている。その片隅に黒い皿がほんの少しだけある。時々、使うと食卓がぐっとしまる。黒の力強さはテーブルの上で発揮され、時にはインパクトの強さも大事だなと思う。料理も白い皿にのせた時とはまったく違う表情をみせる。だから時に黒い皿を使うのも、おもしろい。

食材にもインパクトの強い色や形を持つものがある。例えば、黒いキクラゲも他の食材の色を引きしめ、インパクトの強い料理にしてくれる。黄色い卵に玉ねぎの白。皿の上ではパレットのようにそれぞれが混ざり合い、コントラストを楽しむ料理が出来あがる。

キクラゲと玉ねぎのオムレツ

2人分(16cmフライパン)
キクラゲ(乾)　6g
新玉ねぎ　1個
ニンニク　¼かけ
卵　4個
塩、黒こしょう　各適量
オリーブ油　大さじ2強
バター　大さじ1

1 キクラゲは水で戻し、硬い部分を取り除く。大きければ半分に切る。新玉ねぎは1cm幅に切る。ニンニクはすりおろす。
2 卵を割りほぐし塩､黒こしょうを混ぜる。
3 フライパンにオリーブ油大さじ1を熱し新玉ねぎをよく炒め、キクラゲを加えてさらに炒めたら塩、黒こしょう、すりおろしたニンニクを加える。
4 **3**を**2**に加えて混ぜる。
5 フライパンに残りのオリーブ油とバターを熱し**4**を流し入れて中火でざっと卵全体を混ぜて1分焼き、ふたをして弱火で8～10分ほど焼く。

き

きゅうりの塩炒め

キンメ鯛の煮つけ

きゅうりの端っこを切り落として、切った面と面を合わせてクルクル……。

それはまるでおまじないのようだった。何をしているのかと不思議だったそれは、きゅうりのアク抜き作業。塩をまぶして板ずりもしていたっけ。これも今はしなくなったな。品種改良で苦味の少ないきゅうりが増えたのだろう。苦味と青臭さがきゅうりの印象だけど、今はう〜ん……あまり味というものがしない。逆にブルーム入りといって白いポツポツがしっかりある、昔ながらのきゅうりも見かけるようになった。最近のお気に入りは皮が薄くて身が硬い、「四川きゅうり」という品種。

きゅうりは炒めたり、揚げたり、火を通すのが好み。そのため水分が少なく、太めで身が硬いものを選ぶ。火を通さないのなら、皮をむいて、たたくかピーラーで薄くスライスして食べるのがいい。炒めること、揚げること、皮をむくこと、たたくこと、薄くスライスすること、どれも味がなじみやすくなる方法。

(き) きゅうりの塩炒め

2人分
きゅうり(四川きゅうりなど、水分の少ないもの) 3本
しょうが 1かけ
干しエビ 20g
塩、白こしょう 各適量
酒 大さじ1
片栗粉 小さじ½
ゴマ油 小さじ2

1 干しエビは大さじ3の湯で戻し、足を取り除く。戻した湯はとっておく。
2 しょうがは千切りにする。きゅうりは皮をむき、長さを半分にして薄切りにする。
3 フライパンにゴマ油を熱し、しょうが、干しエビを炒め、きゅうりを加える。
4 ざっと炒めたら干しエビを戻した湯、酒、塩、白こしょうを加えて味をととのえ、倍量の水で溶いた片栗粉をまわし入れ、とじる。

京都の割烹のカウンターでのこと。たまたま隣に居合わせた、ひとりの年上の女性。ちょっと知り合いのその女性は才色兼備で普段から素敵だなと思っていたが、ひとりで割烹とは、相当に格好がいい。京都に慣れている様子で、店のご主人ともいい間を取りながら会話する。その会話もさることながら、次々と出される料理の食べ方が本当に小気味よく、気持ちがいいのだ。食べ方がきれいな人って素敵だなと思った。私は、まさに憧れの眼差しで見惚れていた。

魚をきれいに食べる人も見ていて気持ちがいい。身はきれいに残さず食べられても、残った骨が骨格そのままだと、本当に感心する。魚も本望だろうな。

「私、魚を食べるのが上手なの。それって一緒に食べている人に褒められること、多いのよ」。ある日、女友達がにこにこっとしながら言った。うんうん、それは大いに自慢していいことだと思うよ。

キンメ鯛の煮つけ

2人分
キンメ鯛(切り身)　2切れ
A
- 酒　大さじ1½
- みりん　大さじ2
- しょうゆ　大さじ2弱

しょうが　2かけ
ごぼう　½本
しいたけ　4枚
木の芽　適量

1 キンメ鯛は洗って水気をふく。
2 しょうがは皮つきのまま薄切りに。ごぼうは皮をこそげて5cm長さに切り、太い部分はさらに縦半分にしてから酢水にさらす。竹串がやっと通るくらいまで下ゆでする。しいたけは石づきを取る。
3 鍋に水140ml、調味料Aを煮たて、ごぼう、しいたけを入れ、ふたをずらして4～5分煮る。キンメ鯛としょうがを加えてふたをする。時々煮汁をかけて7～8分煮る。
4 木の芽を添える。

クレソンのオイル煮

コンニャクとしめじの炒め煮

最近、葉ものや緑の野菜を見ると、オイル煮をつくりたいと思う。オリーブオイルたっぷりに粗塩としょうが、時にタカの爪。厚手の鍋にふたをして、ただただ弱火にかけるだけ。この料理には、色よく仕上げるということは求められない。色も歯触りも、常にしている仕上げを通り越していく。緑色の野菜がいつもいつも鮮やかな色で最終形となるわけではないのだ。

クレソンのグリーンは、深く深く色を落とし、シャッキリなんて音もなくなって、出来あがる。それはオイル煮という響きからは驚くほどにあっさりとしていて、つけ合わせではなく、それだけをたっぷりと食べたい立派なひと皿になる。クレソンをたっぷり食べるっていうのも、いいものだなと思う。

ここのところはまっているオイル煮。だからお客様の時には必ずといっていいほど、これをつくっている。和食の時も洋風の時にも。

クレソンのオイル煮

2人分
クレソン　1束
ズッキーニ　1本
しょうが　2かけ
タカの爪　1本
オリーブ油　大さじ5
粗塩、黒こしょう　各適量

1 クレソンは長さ半分に切る。ズッキーニは5mm幅で斜め薄切りにしてから棒状に切る。合わせて水に放しておく。しょうがは皮つきのまま薄切り。タカの爪は種を取る。
2 クレソンとズッキーニをザルにあげ、水気をざっときったら厚手の鍋に入れ、しょうがとタカの爪、粗塩ふたつまみをふってオリーブ油をまわしかけ、ふたをする。
3 ごく弱火にしてじっくり火を通す。途中で全体を混ぜながら10〜15分、蒸し煮にする。
4 味をみて足りなければ塩をふり、黒こしょうをたっぷりとふる。

高校の文化祭でのこと。クラスの仲良しとみそ田楽の屋台を出店することになった。さっそくベニヤで屋台づくり。そこにずいぶんと真っ青な色で下地を塗り、勢いよく波と魚を描き始めた友人。ずいぶん斬新なアイデアだなと思い、「なんで海なの？」と質問すると、「だってコンニャクって海で泳いでいるでしょ!?」と。「そうだっけ？」と思いつつも、自分が勘違いをしているのかと思うほど、コンニャクは海で泳いでいるような気になった。でも、海では泳いでいないはず……。そう思いながらも結局、海の仲間たちがたくさん描かれた屋台でみそ田楽屋は無事に開店、繁盛した。

コンニャクを見るたびに思い出す、若かりし頃のこと。知らないってことも素晴らしいし、知ることも素晴らしいことだなぁと思う。斬新なアイデアといえば、このコンニャクの煮もの。まずは乱暴にもコンニャクを凍らせてしまう。するとどうなるか……。これは作って、知ってほしいところ。

コンニャクとしめじの炒め煮

2人分
コンニャク　½枚(200g)
油揚げ　1枚
しめじ　½パック
タカの爪　1本
ゴマ油　大さじ1
みりん　大さじ2
酒　大さじ2
しょうゆ　大さじ1½〜2
かつおだし　200ml

1 コンニャクはアク抜きをしてから幅を半分に切り、さらに3mm厚さに切る。冷凍保存用の袋に入れ、冷凍庫で凍らせる。
2 自然解凍させた**1**の水気をしぼる。油揚げは油抜きして幅半分に切り、さらに1cm幅に切る。しめじは小分けに、タカの爪は種を取り除き、粗めに刻む。
3 鍋にゴマ油を熱しコンニャクを炒め、タカの爪を加える。
4 しめじと油揚げも加えてよく炒め、みりん、酒、しょうゆ、かつおだしの順に調味料を注ぐ。中火で5分煮る。

ザーサイと切り干し大根の炒め

鰆のグリル

横浜・中華街のメインストリートの中ほどに、ずいぶん前から通う乾物屋さんがある。カボチャの種やピータン、干し貝柱、ザーサイなど、中華食材との出合いはだいたいここからだった。私にとってそこはワンダーランドのようだった。今よりもっと中国の市場のような雰囲気があった頃はなおのこと。あれこれと試しては自分の中の引き出しにしまっていったのである。ここの丸い春巻きの皮は一枚一枚手焼きで、程よい厚さがあってパリッと揚がる。サンザシはおやつにそのまま食べてもいいし、甘酸っぱいソースをつくるのにもいい。大きな甕に入って売られていたザーサイは、その感じからもついつい買いたくなるのだった。

ザーサイは塩抜きの加減が難しいところで、抜きすぎては残念なことになる。この塩気を活かして素材として使えば、調味料も兼ねたような深い味わいが味方してくれる。淡白な切り干し大根と合わせて炒めるとザーサイのうまみが大根にしみ込んでいくのがよくわかる。炒めてすぐよりも少しおくと、ザーサイの懐の深さを感じることができる。

さ　ザーサイと切り干し大根の炒め

2人分
ザーサイ　½個
切り干し大根　15g
ニンニク　少々
しょうゆ　小さじ½
ゴマ油　大さじ½
削り節　1.5g（½パック）

1 ザーサイは塩抜きして水気をしぼり、細切りにする。
2 切り干し大根は水につけて戻し、水気をしぼって食べやすい長さに切る。
3 ニンニクはすりおろす。
4 フライパンにゴマ油を熱し切り干し大根、ザーサイ、おろしニンニクをよく炒め、しょうゆをふり、削り節を加えて炒め合わせる。

朝ごはんのような晩ごはんが理想的な夜もある。白いごはんにおみそ汁、あとは魚でも焼いて、野菜で一品。簡単にすませるというよりは、すっきりと軽めにしたい晩ごはんの時はこんな感じだ。まずはお米を研いで、ゆっくりと準備する。準備というほどでもないのだが、ゆったりとした気持ちになりたくてつくるごはんだからこそ、丁寧に支度をしたい、そう思うのだ。

最近、ごはんの炊き方を少し変えてみた。銅鍋で炊いているのだけれど、強めの火にかけて沸騰してきたら、弱火へと加減する前に、ふたを取って一気に全体を混ぜてしまう。一番やってはいけないことのようだけど、こうするとお米のひと粒ひと粒がちゃんと独立して、しっとりおいしく炊き上がる。焼き魚は季節なら鰆といきたいところ。やわらかく、淡白な白身。粗めの塩をきかせて焼けば炊きたての白いごはんに理想の味。

好きな鰆はみそ漬けにしておくことも多い。漬けて締まった身もまたおいしい。少し立派に仕上げたい時は春の野菜と合わせてオーブンで焼く。

鰆のグリル

2人分
鰆(切り身)　2切れ
菜の花　½束
塩、黒こしょう　各適量
ミニトマト　12個
A
　はちみつ　小さじ½
　塩　少々
　黒こしょう　適量
　オリーブ油　大さじ1

1 オーブンは190℃に温める。
2 天板にオーブンシートを敷き、横半分に切ったミニトマトを並べ15分焼く。ボウルに入れて調味料Aを合わせてなじませる。
3 鰆は塩をふってしばらくおき、出た水分をペーパーでふきとってから黒こしょうをふる。
4 菜の花はさっと下ゆでして水気をしぼり、長さ半分に切る。
5 **2**の天板に**3**をのせ、オリーブ油(分量外)をふりかけ、190℃で10分焼く。菜の花をのせてさらに5分焼く。
6 盛り合わせて、**2**をかける。

春菊のサラダ

白みそのポタージュ

イラストレーターの友人がつくった「ペーパーフーズ」という、野菜や果物がモチーフになった切り絵の画集。野菜や果物の断片が描かれていて本当にステキだった。オクラやにんじんの葉っぱ、イチジクに白桃、ぶどうなど。あぁ、野菜って、果物って……。自然にどうしてこんな形や色になったんだろう。料理をしていて、形のきれいさや色の鮮やかさに触れると、自然であることの美しさを感じる。サラダにしようと思い、春菊の葉をきれいに洗っている時にも、雪の結晶のような葉っぱの形にホレボレする。

そうそう、春菊はサラダで食べるのが一番好き。春菊というと鍋ものの定番で火を通すことが多いけど、やわらかい葉っぱのところだけを摘んでサラダにすると春菊の青々とした強い香りを存分に味わえる。トレビスと合わせてインパクトの強さと素材の美しさを感じるサラダの出来あがり。春菊の葉っぱだけを贅沢に使ったけど、茎はもちろん捨てずに、こちらはゆでて和えものにして。

し

春菊のサラダ

2〜3人分
春菊　¼束
トレビス　3枚
塩、黒こしょう　各適量
パルミジャーノ　大さじ2
ゴマ油　大さじ2

1 春菊は葉を摘む。トレビスは食べやすい大きさに切る。冷水にとり、水分をしっかりきる。

2 1を合わせてゴマ油をまわしかけ、パルミジャーノ、黒こしょうを和える。味をみて足りなければ塩をふる。

寒々と雪がちらつく様子を古い宿の窓越しに眺めていた。「また一年がはじまるんだなぁ」とコタツに入りながらしみじみとしていた、京都でお正月を過ごした時のこと。宿の朝ごはんに出された、白みそのお雑煮。その味わいはどこまでも深いものだった。「あぁ、おいしい」。白みそは芯まで温まったおなかにしっかりと、そして濃く、印象を残した。それからというもの、冬に京都へ行くと好んで白みそ仕立てのお椀やお雑煮を食べるようになった。そうだ、せっかくだから京都で素材を買って帰って、白みそのお雑煮をつくってみよう。初めてつくってみると、白みそをいくら入れても「おいしい」にたどり着かない。しっかりと私のおなかに残った深い印象がかすんでいく。恐る恐る足しては味をみての繰り返し。やっとたどり着いた時は相当な白みその使用量。それに驚きながらも、濃厚で深い味わいに、再びほっこりと気持ちまでもが温まった。白みそ使いに慣れてきてつくった白みそのポタージュ。里芋とは、わざと重たく濃厚な組み合わせ。それを、出す時に気泡を加えて口当たりを軽くする。それが食べ手へのアプローチ。

白みそのポタージュ

つくりやすい分量
白みそ　大さじ4
里芋　4個
長ねぎ　1本
バター　大さじ1
かつおだし　200ml
牛乳　200ml
塩、こしょう　各適量

1 里芋は皮をむいて半分に切り、塩でもみ洗いしてぬめりをとる。下ゆでして水分をきる。
2 長ねぎは小口切りにする。
3 鍋にバターを熱し **2** をよく炒め、**1** も加えてさっと炒めたら塩、こしょうをふってかつおだしを加える。里芋がやわらかくなるまでふたをして弱火で煮る。
4 火を止め、牛乳を半量注いで、ミキサーで攪拌する。
5 鍋に戻し、温めたら白みそを溶かし、残りの牛乳を注いで、フツフツしてきたら火を止める。
6 攪拌して泡をつくり、器に盛る。

す

ズッキーニのレモンチーズサラダ

スナップえんどうの白ゴマがけ

切り方ひとつでそれに合う調理法がこうも変わるのか、と感心する。

縦に長く切ってグリルパンで焼きめをつける。半月切りにしてミネストローネに煮込む。厚めに大きく切ってパン粉やセモリナ粉をつけて揚げる。角切りにしてエビと一緒にパスタ。丸ごとをスチーム。そして、薄い輪切りにしてそのまま、それをサラダにする。え？ ズッキーニを生で食べるの？ そう思う人は少なくないはず。これがまたおいしいのである。ごくごく薄切りにすることが最大のポイント。冷水にさらすと反り返るくらいの薄切り。よく水気をきったらトマトと合わせてもよし、魚介と合わせてもよし、レモンとオリーブオイルがあれば、さっぱりとしたサラダになる。ズッキーニだけを味わうなら、アンチョビーとパルミジャーノの少し濃厚なソースを合わせてみると新たなおいしさにたどり着く。ズッキーニの魅力は切り方と調理法の組み合わせの中に、たくさん詰まっている。

す ズッキーニのレモンチーズサラダ

2人分
ズッキーニ　1本
A
　アンチョビー　5枚
　レモン汁　大さじ1
　パルミジャーノ　10g
オリーブ油　大さじ2
黒こしょう　適量

1 ズッキーニはごく薄い輪切りにして冷水にさらす。
2 Aをフードプロセッサーに入れざっと混ぜたらオリーブ油を少しずつ加えていきながらさらに攪拌してよく混ぜる。
3 ズッキーニの水気をペーパーでしっかりふき、**2**と和え、黒こしょうをふる。

さやを開く。すると次の扉が開かれる。

そら豆もグリーンピースもさやの中の豆を食べるためにはそうするしかない。ではさやごと食べるものを開いてみたらどうなるのか。そう思って、ゆでたさやをピ〜ッとさいてみる。さやいんげんも、砂糖さやもスナップえんどうも。時には薄い絹さやも。今までさやごと食べていた時とは明らかに違う味が楽しめる。味が変わるわけではない、食感が変わることで違う味を感じるのだ。まさに次なる扉が開かれた。

なによりも、オリーブ油も、塩も、すりゴマも、味がちゃんとそこに着地する。スルリと通り抜けていってしまわない。味の絡まり方が変わるから、今までの「インゲンのゴマ和え」もきっと違うおいしさを感じるはず。なじみの素材の新しいおいしさを発見するのは嬉しいこと。そうやっていつも、味の着地点を探している。

スナップえんどうの白ゴマがけ

2人分
スナップえんどう　12個
卵　2〜3個
塩　適量
白すりゴマ　大さじ2½
オリーブ油　大さじ1

1 スナップえんどうは筋を取り、塩ゆでして冷水にとる。水気をきってさやをさく。
2 卵は沸騰した湯に入れて7分ゆでる。
3 1にオリーブ油をまわしかけ、塩、すりゴマで和える。
4 半熟卵と盛り合わせる。

芹の鍋

セロリのアンチョビー炒め

口にした時に遠くのどこかに花のような香りが抜けていく。小さな空洞がつくり出す、空気が抜けていくような独特な歯触り。季節になると買い物カゴの中には芹が頻繁に入ることになる。さっと火を通すと香りが引きたち、生で食すと歯ごたえが際だつ。どちらの食べ方も芹のよさがあって甲乙つけがたい。どちらの調理法で食べようか、台所で悩むのである。

そんな芹好きな私をさらに虜にしたのは、芹の根を食べること。芹は根を食べることに贅沢さがある、と数年前に教わった。根を食べるって？ 今まで思いっきり捨てていた部分だっただけに半信半疑の反応をしたが、一度は試さねば、とも思ったのだった。しかし、根を食べるにはけっこうな努力がいる。細く長い根の一本一本をそれはそれは丁寧に洗うことが、その贅沢なおいしさにつながる全てだった。寒い時期のものだからなおのこと、その作業は身にしみる。だけど、「ここから伸びていったのね」と納得するほどに、そこには芹のよさ全てが凝縮されていた。

(せ) 芹の鍋

2〜3人分
芹　1束
ごぼう　2本
昆布かつおだし　1200ml
A
- 酒　大さじ2
- みりん　大さじ2
- 薄口しょうゆ　大さじ1
- 塩　小さじ⅓

[鶏だんご]
鶏ももひき肉　200g
塩　適量
粉山椒　小さじ⅓
酒　大さじ1
しょうがのしぼり汁　小さじ1
豆乳　60ml
片栗粉　小さじ1½

1 鶏だんごをつくる。鶏ひき肉をよく練り、塩、粉山椒、酒、しょうがしぼり汁、豆乳を順に加え、そのつどよく練り、片栗粉を最後に混ぜてさらに練る。
2 ごぼうは皮をこそげ、ピーラーで5cm程度の長さに削り、酢水にさらしておく。
3 芹は根もよく洗って、根元から3cm長さのところで切る。残りは5cm長さに切る。
4 鍋にだしを入れひと煮たちしたら調味料Aで味をととのえる。
5 スプーンで **1** の鶏ダネを **4** にだんご状に落とし、ある程度火が通ってきたらアクを取り、ごぼう、芹の順に火を通す。

あると安心する。でもセロリはだいぶクセのある野菜らしく、好き嫌いがはっきり分かれるらしい。らしい……と言っているところがすでにいけない。自分が好きだと、他の人も好きなものだと思ってしまう。セロリは偉大なんだけどな。香りも味も歯ごたえも頑張っているのにな。嫌いな人にとっては、それらが頑張りすぎなんだろうか。私にとってはあると安心するくらい、強い味方。捨てるところは細い筋くらいなもので、後はきっちり使わせていただく。外側の緑の濃い硬めのものを好んで買っていたが、最近はわざと薄く黄みがかったやわらかい芯の方を選んで買っている。さっと少しだけ、火を通してやわらかな食感のよさを味わうのがここのところの好み。筋を捨てると言ったが、葉と一緒にだしをとることもある。セロリの香りが移っただしで鶏や水餃子をゆでる。そしてそれらのうまみが加わって、セロリのだしは立派なスープになる。

セロリのアンチョビー炒め

2人分
セロリ(束の中心部分)　⅓束分
アンチョビー　3〜4切れ
ニンニク　小1かけ
黒こしょう　適量
オリーブ油　大さじ2

1 セロリは筋を取り、食べやすい大きさに切る。
2 セロリの葉は粗く刻み、ニンニクはかるくつぶす。
3 フライパンにオリーブ油と **2** とアンチョビーを弱火にかけフツフツしてきたらセロリをざっと炒め合わせ、黒こしょうをたっぷりふる。

たけのこのフリット

た

太刀魚のライム焼き

春の陽気に誘われて谷中を散歩していると、お寺の門脇によくある教訓というのか、和尚さんが書いたものが目にとまった。そもそもなんていうのか、知らないのだけど……。「節目あれ竹の子、けじめあれ人の子」と、達筆な字でこう書いてあった。きっと和尚さんは自分で、「うまい！」と思いながら書いたのだろう。語呂もよくて、季節も取り入れられていて、確かにうまい。それにしてもいつも、ダジャレ仕上げにするのは大変だろうな。

たけのこの節目はみるみる伸びてあっという間に大きくなる。庭先にあったたけのこは、いつも食べる前に細く長く伸びていた。朝掘りたけのこ、と売られていると妙にそそられる。アクの強い素材だから鮮度がいのち。旬の時期は自分で下ゆでしてみるといい。面倒だと思われがちだが、なんてことはない。米ぬかとタカの爪を入れてコトコト弱火にかけておけばいいだけ。市販のゆでたけのことは本当においしさが違う。

たけのこのフリット

2人分
たけのこ(ゆでたもの)　中1本
生海苔　大さじ2
薄力粉　大さじ2½
片栗粉　大さじ2
塩　小さじ⅓
冷水　大さじ2弱
揚げ油　適量

1 粉類に塩と生海苔を加え、冷水を加えてざっくりと混ぜる。
2 縦12等分に切ったたけのこに衣をつけて、中温でカラリと揚げる。

太い刀の魚だなんて本当に見ため通りのネーミングをありがとう。魚の漢字は姿を表したものや、季節を表したものが多い。春の魚の鰆や、秋刀魚も。旬がちゃんとあって、いい感じ。さてさて、太刀魚……。体長は1mとか1.5mとか、かなり長い。ピカピカと光る銀白色の長い体は海で泳いでいるのを見たらきれいなんだろうな。刀という印象とは裏腹に、身は本当に驚くほどやわらかく、おろす時は慎重にしないとくずれてしまう。でもね、こういう時こそ手際のよさが肝心なところで、大胆さや潔さも料理にはとっても大事なことだなって思っている。

切り身になった太刀魚はというと、白くて淡白な味にはいつもながら、うっとりする。銀白色の皮に焼き目をつけたら、刻んだねぎのたっぷりのソースを表面にのせる。ねぎがのった部分がふたとなって、焼きながら蒸すような状態になる。身はしっとりと仕上がり、たっぷりのせた長ねぎの甘みと淡白な白身をライムの香りがつないでいる。

太刀魚のライム焼き

2人分
太刀魚(切り身)　2切れ
長ねぎ　½本
七味唐辛子　適量
塩　適量
しょうゆ　小さじ1弱
ゴマ油　小さじ2
ライム　薄切り4枚

1 太刀魚に塩をふって30分ほどおき、出た水分をペーパーでおさえる。
2 長ねぎはみじん切りにして七味、塩少々、しょうゆ、ゴマ油を混ぜる。
3 オーブンを180℃に温め、天板にシートを敷いて太刀魚をのせ、7〜8分焼く。
4 **2**を太刀魚の上にならすようにのせ、ライムものせて、200℃に上げたオーブンでさらに7〜8分焼く。

と

冬瓜と鶏手羽のあっさり煮

トウチだれの蒸し豆腐

撮影が終わると、一日中立っていたせいか、足がパンパンにむくんでいる。そんな時、疲れた体でそのままいるより、かるく泳いだ方が疲れがとれる。だから、いつもとはいかないけれど、なるべく泳ぐことにしている。水の中では100%リラックスしていることがわかり、心身ともに硬くなっていたものがスッと抜けていく。夏の夕暮れ時に泳ぐと、帰り道の風が気持ちいい。その感じがたまらなく好きで、夏の水はいいなと思う。

夏の涼といったら、冬瓜やスイカなどの瓜類。冬瓜はさっぱりとした淡白な味が本当に涼しげ。そして、なんと90%以上が水分というからビックリ。ほとんどが水分なのにビタミンCや利尿作用があって、疲れやむくみもとれるらしい。

皮を薄くむいてキレイなヒスイ色を楽しむのもいいし、しっかり皮をむいて透き通った冬瓜を涼しげに楽しむのもいい。薄味をしっかりとなじませると、見た目も涼やかな夏の煮ものができる。あっさりとした冬瓜と泳ぐことは私の夏の特効薬。

と　冬瓜と鶏手羽のあっさり煮

2〜3人分
冬瓜　⅙個(480g)
手羽中　6本
しょうが　1かけ
かつおだし　300ml
塩　適量
酒　大さじ1
ゴマ油　小さじ2
片栗粉　適量

1 手羽中はよく洗ってから、塩をかるくふる。冬瓜は種とワタを取り、6等分に切って皮をむき、面取りする。しょうがは千切りにする。

2 手羽中に片栗粉をまぶす。鍋にゴマ油を熱し、しょうが、手羽中の順に炒め、かつおだしを注ぐ。

3 ひと煮たちしたらアクを取り、冬瓜を加えて酒、塩少々を加えてやわらかくなるまで30分ほど、ふたをずらしてゆっくり煮る。

トウチは、大豆を蒸しあげて発酵させ、乾燥させたもの。スパイスと同じで、少量で威力を発揮し、入れすぎるとまぁいいかでは済まされない結果になる。そのものがかなりの塩気なので、合わせるものにも塩気があってはどうにも都合が悪い。前歯でちょっとかんでみると、しょっぱさが強烈にやってきた。よくかんで味わうと遠くの方で大豆のうまみがちゃんとした。かなりの塩気は時に厄介だけど発酵したうまみを持つトウチは少量でも大きな力になると思った。

まずはごはんに炊き込んでみようと試みた。まさかトウチだけで味が決まるわけがないと少ししょうゆを足してしまったら、ある意味それは予想通りにしょっぱすぎ……。しかも、炊きあがってみると全体がしっかりと茶色に染まっていた。そこにテンテンとトウチの黒い粒。はぁぁ、トウチの威力はすごいのねと感服させられた。でもこれは使い慣れたら楽しくなるぞ、とも思った。その後も、変わらず合わせる相手は豆腐やホタテ、鶏肉といったふうに淡いものばかり。

トウチだれの蒸し豆腐

2人分

トウチ　大さじ1

A
- テンメンジャン　大さじ1½
- コチュジャン　小さじ½
- 酒　小さじ1

豆腐　½丁

ホタテ　3個

1 トウチだれをつくる。トウチは粗めに刻んで調味料Aと合わせておく。

2 豆腐は水きりをする。ホタテは縦横半分に切る。

3 蒸気のあがった蒸し器に豆腐とホタテを器にのせて入れ、8〜10分蒸す。

4 豆腐の水分をさっときり、**1**をかける。

豆苗と鶏ささみのゴマ和え

とうもろこしのスパイスサラダ

前菜のクラゲや腸詰を食べながら、円卓っていうのも最近、めずらしいね、と友人が言った。円卓を囲むのは四角いテーブルより、いかにも中華というイメージ通りで気分が盛り上がる。初めに考えたのは日本人らしいよ。ふう〜ん、そうなんだ。それって本当!? と会話をしていると、運ばれてきた青菜炒め。円卓のことはさておき、中華を食べに行ったら、必ずオーダーする青菜炒め。一種類の青菜をニンニクをきかせ、塩味で料理する。ごくごく、シンプル。青菜炒めがおいしいとその店を信用するところもあるくらいに、シンプルだからこその難しさがある。青菜の野菜が豆苗ならば、これ以上ないくらいに幸せ。青々として、グンッと豆の香りがするやわらかい葉。いくらでも食べられてしまいそう。本当は円卓をまわさずに、目の前におかれた皿をひとり占めしたいのだ。

豆苗炒めはもちろんだけど生で食べてもおいしいんだよ、と話すと友人に驚かれた。ゴマ油に塩だけで、こちらもシンプルに。少し味がなじんだ頃がおいしい。

と 豆苗と鶏ささみのゴマ和え

2人分
豆苗　1袋
鶏ささみ　3本
酒　小さじ2
塩、白こしょう　各適量
ゴマ油　大さじ½

1 豆苗は根元を切り落とす。冷水にとり水気をきっておく。
2 鶏ささみに塩小さじ¼をふる。小さめの鍋に少量の湯をわかし、酒を加えてささみをゆがく。温かいうちに細く手でさく。
3 1と2を合わせてゴマ油をまわしかけ、塩、白こしょうで味をととのえる。ゴマ油は韓国製や黒ゴマ油など、濃いものがよく合う。

夕飯何にする？　と聞かれると、きまってコーンスープ。風邪をひいて何なら食べられそう？　と聞かれると、きまってコーンスープ。中華街に行って食事の時もとうもろこしのスープ頼んでねと、とうもろこしはリクエストの定番だった。子どもの頃の好物は間違いなく、とうもろこしだった。夏にはゆでたてふかしたてのとうもろこしがおやつにあると嬉しかった。きれいにポロポロと手で取って食べるのも好きだった。つながって取れた時には食べるのがもったいなかった。きれいに整列しているのを見て、何粒あるんだろう？　と数えたくなることもあった。モサモサのヒゲと粒の数は一緒だと知って、おもしろいなと思った。友人の家はコーンスープが日曜日の朝ごはんの定番で、チーズトーストと一緒にパパがつくってくれたんだそう。なんと微笑ましい朝の風景だろう。

とうもろこしの粒をナイフでこそげるように削る下ごしらえを覚えてから、ポタージュも水と少しの塩だけでつくる。とうもろこしの味がじっくり引き出される。粒々をフレッシュのまま蒸して仕上げると、濃くて深いとうもろこしの味がする。

とうもろこしのスパイスサラダ

2人分
とうもろこし　1本
セロリ　⅓本
粗塩　少々
A
- 韓国粗びき唐辛子　小さじ½
- カレー粉　小さじ¼
- 黒こしょう　適量
- ナムプラー　小さじ1

1 とうもろこしはナイフで削る。セロリは筋を取り、とうもろこしと同じくらいに切りそろえる。合わせて水に放しておく。
2 鍋に水気をきった**1**を入れて粗塩を少々ふって、ふたをして中火にかける。
3 とうもろこしに火が通ったらAの調味料を加えて全体に混ぜ合わせる。

トマトハニーレモン

鶏の紹興酒蒸し

冷蔵庫には入れないでくださいね。トマト農家の方に何度か言われたことだ。それからというもの、トマトを買ってきたら木のトレーにのせて果物のように、おいておくようになった。すると日ごとに赤みを増して追熟していく。その様子は本当に果物のよう。おやつ代わりにそのままパクッと食べてしまうこともしばしば。早めに収穫されたトマトが多いからか、けっこう日持ちすることもキッチンの片隅で知った。だからたくさん買いおきして、熟していく過程で使い分けるようになった。赤く熟れた甘いトマトを湯むきして、はちみつとレモンに漬ける。冷たく冷やして、食べる時に粗塩をちょこんとのせる。デザートのような夏の前菜。これを粗めにつぶしてみれば、冷たいパスタのソースにもなる。勢いよくミキサーにかけ凍らせれば、口直しのグラニテにもなる。赤く熟れたトマトなら大きくても小さくても、おいしくできる。

と トマトハニーレモン

2〜3人分
ミディトマト　6〜8個
レモン　1個分
はちみつ　小さじ2
オリーブ油　小さじ1
粗塩　適量

1 ミディトマトは湯むきをする。
2 レモンをしぼり、はちみつを混ぜてよく溶かし、オリーブ油を混ぜる。
3 1に2をかけて冷蔵庫でよく冷やす。半日おくと味がなじむ。食べる時に粗塩をふる。

ほとんど毎日、買い物に行って、その日食べるものをその日に買うようにしている。基本的にゆるいルールでしかないけれど、今日は何にしようかなって素材を見ながら決めるのは楽しいもの。そうはいっても、家から素材がまったくなくなることもないし、買い物に行けない日もあるし、出たくない日もある。あるもので夕飯をつくろうっていう日も当然、ある。

そんな時、いつも鶏肉って便利だなって思う。野菜の煮ものの味出しにも、メインの料理にもなる。だからいつも、鶏もも肉が一枚冷凍庫に入っている。豚肉も好きだけれど、部位や切り方によって用途が変わるから鶏肉のほうが常備するには向いているように思う。味がよく脂もあるから胸肉よりも、もも肉の方が使い勝手がいい。

蒸し鶏はふっくらとして、鶏もも肉をおいしく食べる方法のひとつだと思う。紹興酒をふってから蒸すとほのかに酸味にも似た芳香のよさが伝わって、やわらかく仕上がる。見た目はシンプルだけど、鶏もも肉の持ち味をしっかりと発揮している。

鶏の紹興酒蒸し

と

2〜3人分
鶏もも肉　小2枚
セロリ　1本
しょうが　2かけ
花山椒　小さじ½
紹興酒　大さじ2
塩　小さじ½強

1 しょうがはスライスにし、セロリは葉と茎にわける。鶏肉は厚みを均一にして塩をなじませてから、しょうがスライス、花山椒、紹興酒をふってなじませる。セロリの葉をのせ、耐熱容器に入れて30分ほど漬けこむ。
2 蒸気のあがった蒸し器に入れ、30分蒸す。
3 セロリは筋を取り、長さ半分に切ってからピーラーで削り、水に放す。
4 蒸しあがったら食べやすくスライスし、水気をきった **3** のセロリと盛り合わせる。

な

菜の花とエビのパスタ

根三つ葉のおひたし

春先の野菜が並んでいる姿は嬉しい気持ちになる。私にとっては、菜の花を見かけると長かった冬が終わりを告げる。たけのこ、ふきのとう、グリーンピース、春キャベツ、うど……。うきうきしながら、どの春野菜にしようかな、と思いをめぐらせる。菜の花はいろいろな料理にできるから、春野菜の中で一番、買うもの。和食ならさっとゆでて、和えものや昆布じめに。中華なら旬のイカと一緒に炒めてもおいしい。洋風ならば、長いままオリーブオイルで煮てもいいし、細かく刻んでパスタにするのもいい。細かく刻むと茎とつぼみの部分が混ざり合って、とろりと全体がほろ苦いソースのようになる。エビと合わせれば、エビからでたうまみを菜の花が全部、すってくれる。このパスタのレシピは½束でつくったけど、1束全部、使ってもいい。菜の花がメインになって、パスタはすっかり包まれる。それもおいしい菜の花のパスタ。

な

菜の花とエビのパスタ

2人分
菜の花　½束
エビ(殻つき、中)　8尾
玉ねぎ　¼個
ニンニク　1かけ
タカの爪　1本
オリーブ油　大さじ2強
塩、黒こしょう　各適量
白ワイン　大さじ2
オレキエッテ　100g

1 エビは殻をむき、縦半分に切ってから背ワタを取り除き、塩水で洗って水気をふきとる。
2 菜の花は5mmの小口切り、玉ねぎはみじん切りにし、ニンニクはかるくつぶす。タカの爪は種を取る。
3 たっぷりの湯に塩を加えパスタをゆでる。
4 鍋にオリーブ油、ニンニク、タカの爪を入れて弱火にかけ、香りが出てきたら火を強め玉ねぎ、エビ、菜の花も加えて塩、黒こしょうをふる。
5 全体に炒めたら白ワイン、ゆで汁大さじ6を加え、ゆであがったパスタをさっとからめる。塩、黒こしょうで味をととのえ、オリーブ油(分量外)をまわしかける。

クセのあるものが好きなんだな、とつくづく思う、人も物も。クセのある人ってとっつき難いけど、そこを探っていくのがおもしろい。

食材でもクセのあるものは特徴があって興味がわく。どうやって食べるといいのか探っていくのはやっぱり、おもしろい。好きな素材を挙げればいつもそこにはちょっとした偏りがある。クセもさることながら、香りのある食材も好きなんだなって思う。春菊、芹、セロリ、三つ葉……。

三つ葉は香りを食べると言ってもいいくらい、その芳香はうっとりするほど。三つ葉には根三つ葉、糸三つ葉、切り三つ葉があって、糸三つ葉は茎が細くやわらかい。切り三つ葉はもっともっと繊細、香りづけに添えるのに向いている。根三つ葉はシャキシャキと食べごたえがあって、茎は白くて太め。冬に出回り、卵とじやおひたしが定番といったところ。定番すぎるほどの根三つ葉のおひたしを長いまま麺のように食べてみると違う感覚が楽しめるだろうか。素材は切り方ひとつで見た目も味わいも大きく変わるから。そんな試みをしてみるのもたまにはいい。

根三つ葉のおひたし

2人分
根三つ葉　1束
かつおだし　80ml
薄口しょうゆ　小さじ1½
塩　少々

1 かつおだしに薄口しょうゆを合わせ、冷やしておく。
2 三つ葉は洗い、少量の湯をわかして塩を加えてさっとゆがく。冷水にとって水気をしっかりきり、根を切り落とす。
3 長さはそのままで**1**にしばらくつけ、冷蔵庫で味をなじませる。

ピータンのピュレ

ピーマンの煮びたし

高校生の頃、コーヒーは苦くて、なんでこんなものがおいしいんだろうと思いながらもブラックで飲んでいた。ずいぶん、背伸びをして頑張っていたなぁ。

大人になってわかる味というものはたくさんある。味覚の幅が広がったと感じるのだが、じつは逆で味覚が鈍ったことなのだとも、何かの本で読んだ。幼少の頃の舌はいろいろな味に反応する。苦いも、辛いも、酸っぱいも、敏感に感じる。やがて成長すると感覚は敏感から鈍感になる。味覚が広がるのではなく、鈍るということだ。う〜ん、まぁ、そうとも言える、かもね……。でもネガティブな方向で味覚をとらえるのは、なんだか寂しい。

コーヒーと同じように、初めてのピータンの感想は、なんでこんなものがおいしいの？ だけだった。しばらく手を出さずにいたけれど、いつの間にかあの特有なねっとり加減に、とりつかれていた。こうやって初めの一歩は敏感でも、放り出さずに受け入れていく。それが大人になった、味なのだ。大人になって食べられるものが増えて楽しめるのは、やっぱりステキなことだと思う。

ひ

ピータンのピュレ

つくりやすい分量
ピータン　1個
香菜　½茎
干しエビ　大さじ1
ゴマ油　小さじ1
トマト　1個

1 干しエビは湯大さじ2で戻し、足と殻を取り除く。香菜は刻む。
2 **1**とエビの戻し汁とゴマ油をフードプロセッサーにかけ、なめらかにする。
3 食べやすい大きさに切ったトマトに**2**をのせる（豆腐やゆでたインゲンなどにも合う）。

甘いそぼろと黄色いいり卵がのった、大好きなそぼろごはん。小さなお弁当箱を開けるのが楽しみなのは、朝の台所ですでに甘い香りがしていたから。でも、かわいいはずの二色ごはんは期待を裏切り、三色ごはんのことが多かった。二色か三色かで大きな問題となるのはこの三色目。かなり重要。その色はグリーン。それは何だった？ うちはピーマンだったの。それが普通と思わされていたけど、どうやら普通はインゲンと知ったのは、もう三色ごはんを食べる歳を卒業してからだ。細切りのピーマンをゴマ油で炒めてしょうゆを少し。この渋さ、子どもにとってはやってられない。ピーマン嫌いではなかったけれど、大好きなそぼろごはんが台無し、とガッカリしていた。子どもが嫌いな野菜の代表選手の座は未だに譲っていないだろう。ずいぶんと嫌われ者のピーマンだけど、大人になってもピーマン嫌いは多いのだろうか？ 私のなかではガッカリしていた子ども時代からは考えられないくらい人気者になったピーマン。ほら、形もかなりフォトジェニックよ。少しは人気者になっていてほしいな。

ピーマンの煮びたし

2人分

ピーマン　6個

ちりめんジャコ　大さじ3

昆布かつおだし　200ml

A
- みりん　大さじ1
- 酒　大さじ1
- 薄口しょうゆ　小さじ1½
- 塩　少々

1 ピーマンはヘタにそってナイフをいれ、ヘタと中の種を取り除く。

2 昆布かつおだしと調味料Aをひと煮たちさせ、ジャコ、ピーマンを加えてふたをして10分煮る。

ヒヨコ豆のディップ

豚ひき肉のピリ辛包み

スキーはどうにも怖くて、苦手。雪山の斜面に立つと、どうして私はこんなところへ来てしまったのか、と後悔する。雪の積もった山々や木々の美しさ、颯爽と滑っていく人たちがまるで人形のように見える白い風景を眺めているだけで充分。

突然だけど、ディップやペーストをつくると雪山のなめらかな肌のようだなって思う。本当は格好よく滑ってみたいなと思いながら玉子色のヒヨコ豆のディップをシュッシュッとナイフでなでつけて、山高に盛りつける。食べた友人は意外な酸味に驚いていたっけ。そう、見た目からは想像ができない味わいが雪山には隠れているのだ。ふふふ。

ディップやペーストにすると素材は姿を消して、柔軟になる。どんな素材が組み合わさっているのか口にするまではわからないから、舌触りや香りをたよりに探っていく。パッと見ただけではわからないというのも時に、味覚を研ぎ澄ますことができて、いいものだ。味の感覚が頭の中をゆっくりとなめらかに滑っていく。

ひ ヒヨコ豆のディップ

つくりやすい分量
ヒヨコ豆　80g
ニンニク　¼かけ
白ワインビネガー　小さじ2強
オリーブ油　大さじ2
塩、こしょう　各適量
ベーグル　適量

1 ヒヨコ豆は6時間、たっぷりの水につけておく。
2 鍋にヒヨコ豆と新たに水をたっぷり入れ、ニンニクと一緒に中火強にかけ、沸騰したらアクを取り、中火弱で豆がやわらかくなるまで約40分ゆでる。
3 水気をきった豆をフードプロセッサーにかけてざっとつぶし、白ワインビネガー、塩、こしょうを加えて、様子を見ながらオリーブ油を加えていき、なめらかなペースト状にする。
4 ベーグルを薄くスライスしてカリッと焼き、添える。

ある日、同じ歳の女友達と50半ばを過ぎたオジサマ3人と、フレンチを食べに行った。メインにオジサマ3人組は揃いも揃って牛肉のグリルをオーダー。すごいな、みんな塊肉か、と感心していると、ものすごくおいしそうに、そして楽しそうな顔つきでナイフフォークを動かしている。

あの歳でこんなにも嬉しそうに塊肉を食べるっていうのもいいものだなと思ったし、なによりエネルギーを感じた。食べることって、素晴らしいなって改めて思う夜だった。その光景を見てからというもの、私は塊肉にそれまでなかった興味を持ちはじめ、肉をガツンと食べる楽しさに開眼してしまう、単純さ。

でも塊肉ビギナーには変わりないから、その対極にあるひき肉には今でもひいき目。ポロポロっとした食感、食べた時にところどころにお肉の味がするおいしさというのもあるからね。塊肉好きに言わせるとひき肉はどうやら肉のうちには、入らないらしいけど……。

豚ひき肉のピリ辛包み

2人分
豚ひき肉　250g
長ねぎ　¼本
しょうが　1かけ
ニンニク　½かけ
サラダ油　大さじ1強
塩、こしょう　各適量
A
　コチュジャン　小さじ1
　テンメンジャン　小さじ2
　みそ　小さじ1
　酒　大さじ2
　しょうゆ　小さじ½
片栗粉　小さじ½
レタス　適量
北京ダック用の皮　適量

1 長ねぎ、しょうが、ニンニクはみじん切りにする。
2 フライパンにサラダ油を熱し**1**を炒め、豚ひき肉を炒める。塩、こしょうをふり、調味料Aを加えてよく炒める。
3 倍量の水で溶いた片栗粉でとじる。
4 レタスは細切りにする。
5 北京ダックの皮に**3**と**4**をのせてクルリと包む。

プルーンと豚肉のスープ

干しエビの水餃子

甘いものを食事にだすと嫌がるのはたいてい、男性。どうやってごはんとして食べていいのか、わからないらしい。食事とおやつの境界線を女性よりしっかり保っている。ナッツやドライフルーツの類もお酒のおつまみとしてなら許せるらしいが、食事の枠に入ってくるのはどうもね……という。まぁ、そう言わずに食べてみてよ。奇をてらうことをしたいわけではないが日々、素材や料理と向き合っているとしっくりとくる組み合わせや味の足し算を頭の中で、しているのである。好きなドライフルーツは常備品で、いつも食べていると次第に料理に使いたくなってくる。頭の中にドライフルーツの甘みが足し算の素数として残っているからだ。厚めの豚肉のスープに香味野菜の玉ねぎとにんじん。甘みを放つ素材にプルーンを追加する。そうすると、ただ甘ったるいだけではないギュッとしまりのある味になる。甘い組み合わせに香味野菜の王様、パセリをたっぷり散らすことでさらに味はまとまってちゃんと着地するのである。甘いスープなんて……と言わずに、まぁ。

ふ　プルーンと豚肉のスープ

つくりやすい分量

プルーン　6個
豚肩ロース肉（塊）　200g
A
- 塩、黒こしょう　各適量
- 酒　大さじ2
- 片栗粉　小さじ2

玉ねぎ　½個
にんじん　½本
しょうが　1かけ
パセリ　適量
かつおだし　700ml
塩、黒こしょう　各適量
バター　小さじ2
オリーブ油　大さじ1

1 玉ねぎは横に薄切り、しょうがは薄切り、にんじんは薄い輪切りにする。
2 豚肉は1cm幅に切り、調味料Aをまぶす。
3 鍋にオリーブ油とバターを熱して玉ねぎをよく炒める。しょうがとかつおだしを入れてひと煮たちさせる。
4 豚肉を加えて強火で煮て、アクを取ってからプルーンを加え、ふたをして弱火で40分煮る。
5 しょうがを取り除き、塩、黒こしょうをふり、にんじんを加えさらに15分煮る。
6 パセリのみじん切りを多めにふる。

ちりめんジャコは欠かさずに常備している素材。なくなると不安になるくらい、頼りにしている。おむすびに混ぜる。野菜をあっさり煮る時に。さっとつくる和えものにも。味出し素材として本当に重宝する。干した素材はうまみが凝縮されているから、いいだしが出るんだね。干しエビもジャコと同じようによく使うもの。小さくても味の主張はしっかりしていて縁の下の力持ち。それよりはちゃんと存在をアピールしているかしらね。姿は隠してもうまみは隠れていられないのです、私はちゃんと仕事してますって。それがいいところなんだけどね。

やわらかく戻したら、殻や足はなるべく取る。細かく刻んでしまうなら、まぁ取らなくてもたまにはいいことにしちゃおう。戻した汁にはこれまたうまみが出ているので絶対に捨てないで。干しエビがないと始まらない、この水餃子。ひき肉を練ったら干しエビの登場。

でも本当はエビを買い忘れて、常備していた干しエビを代用で使ったのがはじまり。そうしたら、いい仕事をしてくれたのでした。

干しエビの水餃子

2〜3人分
干しエビ　40g
合びき肉　150g
レンコン　60g
ニラ　5茎
塩、黒こしょう　各適量
しょうがしぼり汁　大1かけ分
酒　小さじ1
しょうゆ　小さじ½
片栗粉　小さじ1
餃子の皮　20枚
しょうが　適量
セロリの葉　適量

1 タネをつくる。干しエビは湯大さじ4で戻して足や殻を取る。

2 レンコンは細かく切り酢水にさらしておく。ニラはみじん切りにする。

3 **1**と合びき肉を合わせ、塩、黒こしょうをして、よく練ったら**2**を合わせ、しょうがのしぼり汁、干しエビの戻し汁、酒、しょうゆ、片栗粉を、そのつどよくこねながら加える。

4 餃子の皮の中央に具をのせて巾着のようにひだをよせて口をとめる。

5 鍋にしょうがスライスやセロリの葉などの野菜を入れひと煮たちさせて漉す。

6 沸騰した**5**に**4**を入れ、4〜5分ゆでる。

干し柿とポークのロースト

ポロねぎのスチームハニーマスタードソース

隣の駅が「柿生」というくらい、通っていた中学校の周辺の家には柿の木がたくさんあった。特別、柿が好きだったわけでもないのに、友人と柿を取っていたことがある、悪気もなく。でもそれは顔をしかめるほど、不味かった。要するに渋柿だったのだ。食べられない柿があるんだと思ったのだが、渋柿が干し柿になると知ったのはずいぶん後のこと。干し柿のおいしさを知ったのも、だいぶ後のこと。

小粒のものから、どんなに大きい実だったのやらと思うほどの立派なものまで、最近は種類も増えた。白く粉をふいているものから、しっとり半生状態のものまである。やわらかな干し柿はそれだけでデザートにもなる。生の柿は料理にも向くから、干し柿も料理したらいいのではないだろうか。肉と合わせて焼いて干し柿をソースにしたらおいしいだろうと、まずは豚肉と一緒にグリルにした。焼けた干し柿はトロリとはならずにホクホクと、さつまいものようになって、おもしろい。ソースにはならないけど、豚肉との相性は抜群。焼くと干し柿の水分がさらに抜ける。だから、焼くのはウエッティな「あんぽ柿」が向く。

ほ　干し柿とポークのロースト

つくりやすい分量
豚肩ロース肉（塊）　600g
干し柿（あんぽ柿など、やわらかめのもの）　中4個
さつまいも　1本
ニンニク　1かけ
A
　粗塩　小さじ2
　粗め黒こしょう　小さじ2強
　フェンネルシード　小さじ1
粗塩　適量
オリーブ油　大さじ1

1 豚肉にスライスしたニンニクと調味料Aをまぶしつけ、30分ほど室温においておく。オーブンは200℃に温めておく。
2 さつまいもは皮をよく洗って5〜6等分に切り、水にさらす。
3 さつまいもの水気をきって塩をふり、耐熱容器にさつまいもと干し柿を並べる。
4 あれば脚つきの網を3の上におき、豚肉をのせる。網がない場合は、中央に豚肉、そのまわりにさつまいもと干し柿を並べ、オリーブ油をざっとかける。
5 オーブンで10分焼き、160℃に温度を下げて40〜45分焼く。干し柿が焦げそうな時はいったん取り出しておく。
6 全体が焼けたら、オーブンの中で5〜10分ほどおく。
7 豚肉を切り分けて皿に盛る。干し柿とさつまいもも添える。

ホワイトアスパラガスのやわらかさとその高貴な存在はゆるぎがない。ポロねぎはホワイトアスパラガスよりも安価で、クタクタに煮ると味はまるでホワイトアスパラガスのようだから、ヨーロッパでは貧乏人のアスパラガスと言われているらしい。日本ではホワイトアスパラガスもポロねぎも高価なものだけど。

西洋野菜はフォルムと色が美しい。アーティチョーク、ベルギーチコリ、トレビス……。とっつきにくいと思わずに、初めはごくシンプルな調理法で味わうといい。もう、ずいぶん馴染みになったものでは、ズッキーニもパプリカも西洋野菜。

西洋野菜は輸入ものだけではなく、もちろん、日本での栽培もされている。先日、ある農協で、たくさんの長ねぎやわけぎと一緒にポロねぎが山のように積まれていた。しかも驚くほどの安さで。こうやって当たり前のように並んでいて、安く手に入るようになっていくと、料理の楽しさも広がっていくんだろうな。

ポロねぎのスチームハニーマスタードソース

2～3人分
ポロねぎ　1本
ベビーポテト　8個
バター　小さじ1強
粒マスタード　大さじ2
はちみつ　小さじ2
ビネガー　小さじ1
粗塩　適量
オリーブ油　大さじ1
イタリアンパセリ　3枝分

1 ポロねぎは4cm長さに切る。ベビーポテトは皮をよく洗う。
2 耐熱皿に **1** を並べ、バターをちぎってそれぞれにのせ、蒸気のあがった蒸し器で15～20分蒸す。
3 粒マスタードにはちみつ、ビネガーを混ぜておく。
4 **2** の蒸し汁大さじ1を **3** に加え、オリーブ油も入れてよく混ぜ、刻んだイタリアンパセリを混ぜる。
5 アツアツの皿に **4** をしき、蒸しあがったポロねぎとベビーポテトをのせる。

マッシュルームのバターごはん

豆もやしと豚バラの和えもの

なんといっても、掃除する専用の刷毛があるんですよ。マッシュルームの汚れを掃除するための道具が。フランス人っておもしろいな。すてき。それだけ、キノコをたくさん食べる文化なんだろう。夏の終わりからパリの市場にはキノコが並びはじめ、本当にいろいろ種類があって、おいしそうなものばかり。ポスターにしてもかわいいだろうと思うほど形も大きさも様々。マッシュルームを初めて食べたのはいつだっただろう。子どもの頃は食べたことがなかったような……。私のマッシュルームデビューはだいぶ、遅かったように思う。ホワイトマッシュルームが薄くスライスされてちょこんとサラダにのっていたのが初めの出合いだったかな。味気なく、印象は薄いものだったけどその後、まん丸のまま、バターやオイルでソテーされたものを食べてからマッシュルームらしさを感じ、好んで食べるようになった。

ホワイトとブラウンがあり、ホワイトは色の白さがやはり一番の特徴。ブラウンはホワイトよりも香りが高い。どう仕上げたいかで使い分けるといい。

ま マッシュルームのバターごはん

2〜3人分
マッシュルーム　2パック
米　2合
ローリエ　1枚
タカの爪　1本
バター　大さじ1½
粗塩、黒こしょう　各適量
しょうゆ　小さじ1

1 米は研いで、ザルにあげておく。
2 マッシュルームは刷毛で汚れを取り、十字の4等分に切る。
3 鍋にバター半量を熱し、マッシュルーム、タカの爪、ローリエ、粗塩ふたつまみを入れてざっと炒め、ふたをして弱火にかける。途中ざっと混ぜて火を通し、残りのバター、黒こしょう、しょうゆをふる。
4 **3** からでた蒸し汁と水を合わせて2合分にして **1** に加える。
5 味をみて、少し塩気を感じるくらいの味つけにする。足りないようなら塩を加えて混ぜる。
6 **5** に **3** を加えて、厚手の鍋で炊く。
7 中火強で沸騰したら弱火にして20分、火を止め10分蒸らす。

やっぱり好きなんです。なんといっても豆ものが……。特に大豆。豆腐や油揚げの大豆製品を含めて、豆の味がしっかりするとニンマリしてしまう。学校の給食でみんなには嫌われ者だった五目豆も大好きだったな。納豆はほぼ毎日、夏には枝豆も食べるし、豆は私にとって日常のもの。

豆もやしを初めて食べた時、「それまで食べてきたもやしの分をすべて豆もやしに変えてください！」と言いたいくらい、なんておいしいんだろうと思った。豆ともやしが一緒になっているなんて！　とよくわからない感動をする始末。もう、普通のもやしには戻れません。以来、自分で買うもやしは豆もやしに。韓国料理屋さんではあれこれ盛り合わせず、豆もやしだけのナムルにしてもらったり、のわがまま放題。豆もやしのおいしいゆで方は、水からゆでること。ふっくらとして中までちゃんと火が通っているのにシャキッとしている。そうそう、ふたをするのも忘れずに。

豆もやしと豚バラの和えもの

2人分

豆もやし　1袋

豚バラ肉(スライス)　80g

A
- 酢　大さじ2
- しょうゆ　小さじ2
- ゴマ油　小さじ1
- 韓国唐辛子(粗びき)　適量

1 豆もやしはひげ根を取り、塩(分量外)を加えて水からふたをしてゆでる。沸騰後2分ゆで、ザルにあげて水分をきり、冷ます。

2 豚肉は食べやすい長さに切り、ゆでて冷水にとり、水気をきる。

3 **1**と**2**を合わせ、調味料Aとよく和える。

マンゴーとハムの前菜

みょうがと三つ葉の豚しゃぶ

ずいぶん前にスリランカ人の友人が変わったものを作ってくれた。お昼ごはんに呼ばれた時のこと。豚肉とアボカドを春巻きのような皮で包んで揚げたものなのだけど、食べると甘酸っぱい。おいしいのだけど不思議。この甘くて酸っぱいものの正体、きけばマンゴーを煮詰めたジャムのようなものだという。それはインドの保存食「チャツネ」との初めての出合いだった。チャツネってこういうものなんだと思いながらも、この妙な組み合わせにも驚かされた。スリランカの料理ではなく、彼女のかなりの独創料理とのことだったけど、料理には無限の可能性があるんだなと帰り道、思ったのである。

マンゴーはドライもフレッシュも濃厚な甘みと酸味、独特な果肉のやわらかさが妙に好みをついてくる。フレッシュなマンゴーにレモンとおろした新しょうがを絡ませて、冷たいデザートにするのも好みの食べ方。今日はスリランカ人の友人にならって、豚肉とアボカドを合わせて前菜に仕立てる。決め手は粗くひいた黒こしょう、しかもかなりの量。三つのパステルカラーを味とともに引きしめる。

ま

マンゴーとハムの前菜

2人分
マンゴー　1個
アボカド　½個
ハム　厚め2枚
レモン汁　⅓個分
粗塩、黒こしょう　各適量
オリーブ油　大さじ1

1 マンゴーは皮をむき、種をさけて、2等分にする。
2 ハムはフライパンでさっと焼く。
3 アボカドはスプーンですくってレモンをしぼりかける。
4 皿にマンゴー、ハム、アボカドの順でのせ、オリーブ油をまわしかけて、粗塩少々と黒こしょうをたっぷりとふる。

みょうがは薬味か、薬味じゃないか。だいたい3個で1パックになっているものが多いけど、使いきれないという人も多いらしい。私は2パック買う勢いだ。私にとってみょうがは薬味としての添えものという感じで使うことがない。ほら、このレシピだって4個も使っている。

余ってしまうなら、みょうがをピクルスにするといい。色合いがパッと鮮やかになってきれいだし、保存もきく。それこそ肉や魚料理に、丸ごと添えものになる。刻んでたっぷり寿司飯に混ぜれば、さっぱりとした夏向きのごはんになる。みょうがの産地、高知では日曜市という朝市でみょうがやコンニャクのお寿司が並ぶ。みょうがやコンニャクが刻まれて混ざっているのではなく、にぎりのネタのようにメインなのだ。みょうがは酢漬けになって色鮮やか。コンニャクは甘く煮てある。これがなんともおいしく、そして人気。早めに行かないと売り切れてしまう、高知のお母さんのにぎり寿司。また、食べたいな。

みょうがと三つ葉の豚しゃぶ

2人分
みょうが　4個
三つ葉　1束
豚バラ肉（しゃぶしゃぶ用）150g
酢　小さじ2
粗塩　適量
オリーブ油　大さじ2

1 みょうがは縦半分に切ってから薄切りにして酢をふりかけておく。三つ葉は5cm長さに切る。
2 豚肉は長さ半分に切りってゆで、水気をきり、冷ます。
3 三つ葉と豚肉を合わせてオリーブ油をまわしかけ、粗塩をふり全体を混ぜる。みょうがを上に盛る。

紫キャベツのマリネ

め

芽キャベツのベーコン蒸し

料理って時に理科の実験みたい。そういうとなんだか、おいしさとかけ離れたところにいってしまうようだけれど、プロセスを切り取ってみるとやはり実験のようなことは多い。食べ物が素材の組み合わせで化学反応を起こすことにも驚いたり、怖かったりもする。組み合わせによって素材が色を変えたり、固まったり、固まらなかったり。自分は料理をしているだけなのに、そこで細胞が壊れたり、化学反応が起こったりするなんて、と単純な私は思うのである。

紫キャベツはアントシアンという成分が酸に反応して色を変える。パッと鮮やかになった色彩は、隠れていた顔を見せてくれたようで嬉しくなる。これを味方につけて、できるだけ手を加えずに仕上げる。塩をなじませたら、紫キャベツを酢で洗うのだ。たっぷりまわしかけて余分な塩を流す。そうすると水っぽくならずに酸味がいい具合に浸透する。簡素ながら存在感のあるこの皿は、どれだけ食べても飽きることがない。

む 紫キャベツのマリネ

2人分
紫キャベツ　¼個
塩　小さじ1弱
酢　大さじ1½
はちみつ　小さじ½
オリーブ油　大さじ1弱

1 紫キャベツは食べやすい大きさに切り、一枚ずつはがしたら塩をふり、しばらくおいてなじませる。
2 酢を全体にふり、その酢で塩を洗い流し、水分をきる。
3 **2**にオリーブ油とはちみつを加えてなじませる。

唯一、ナイフとフォークが並んだ夕食のメニューだったんじゃないかと記憶している。ポークステーキのケチャップソース。そのつけ合わせはいつもゆでた芽キャベツ。子どもの私にはそのゆでただけの芽キャベツが妙にもっさりと感じられ、凝縮された味が苦手だった。残すわけにはいかず、無理やり口に入れてもずっと口の中でモソモソ。そうやって嫌いなものとして記憶に刻まれてしまったのである。

この前、友人は豚肉料理のつけ合わせが感動するおいしさだったと教えてくれた。聞けば、芽キャベツが一枚一枚はがされて、さっと炒めたものがのっていたという。芽キャベツを一枚一枚？ なんて手間のかかる作業なんだろう。それが、ふわっふわっとのっていたというから、ひと皿に何個の芽キャベツが使われていたのだろう。まるで、夢のようなひと皿の話だ。小さかった私も、そのふわっふわっの芽キャベツにめぐり合っていたらその時から、いいつき合いが始まっていたかもしれない。でも結果は大丈夫。大きくなった私と小さなキャベツのつき合いは、いい関係におさまっている。

芽キャベツのベーコン蒸し

2〜3人分
芽キャベツ　12個
ベーコンスライス　3枚
粗塩、黒こしょう　各適量

1 芽キャベツは茎を切り、縦半分に切る。水に放しておく。
2 ベーコンは長さを3等分に切る。
3 蒸気のあがった小さめの蒸籠に芽キャベツを並べ、ベーコンをのせる。ふたをしっかりして、4〜5分蒸す。
4 粗塩、粗めの黒こしょうをたっぷりふる。

大和芋とぎんなんの揚げだんご

ヤリイカの詰めもの

エスカレーターとエレベーター。まゆ毛とまつ毛。どっちがどっちかゆっくり思い浮かべないとわからなかった頃、長芋と大和芋も同じようにわからなかった。グローブみたいな方を食べたいとか、シャキシャキした方を食べたいとか、そう言っていたように思う。そして食べる時はとろろがくっつかないように大きな口を開けて食べていた。それでも決まって口のまわりが赤くなってかゆくなり、母はアツアツにしぼったタオルで拭いてくれた。水よりお湯の方が、かゆみがとれると言っていたっけ。今や、かゆくなることもなければ好みもはっきりして、即答できる。断然、粘り気の強い大和芋に軍配があがっている。すりおろして、かつおだしと割るとろろ汁も、スプーンで落としておだんごに揚げるのもおいしい。揚げたおだんごはカリッとしながら中は大和芋らしく、とろっとしている。揚げたそばからアツアツをつまんでいくのが一番おいしい。

や　大和芋とぎんなんの揚げだんご

2人分
大和芋　½個分(180g)
ぎんなん　10個
焼き海苔　½枚
卵黄　1個分
しょうゆ　小さじ⅓
塩　小さじ¼
揚げ油　適量

1 ぎんなんはゆでて薄皮を取り除き、半分に切る。
2 大和芋はすりおろし、卵黄、しょうゆ、塩、ちぎった焼き海苔、ぎんなんを加えて混ぜる。
3 揚げ油を中温に熱する。
4 スプーンで**2**(約8等分)を落とし、大和芋がふくらんでくるまで2〜3分揚げる。

長いこと、私の中でイカはイカだった。そのイカは要するにスルメイカのことなのだけど、イカにほかの種類があるとは思ってもいなかった。それに「スルメイカ」はあぶっておしょうゆをたらす、干したイカのことをいうのだとずっと思っていた。イカリングやお刺身のイカは頭になにもつかない「イカ」だと思っていた。では、ほかにどんなイカがいるのか。ヤリイカ、紋甲イカ、甲イカ、それにホタルイカもある。お寿司屋さんに行くと一年を通して旬のイカがあることがわかる。冬から春が旬のヤリイカはほどよい大きさで、身が薄く、姿そのままを使って、詰めものにするのが好きな食べ方。一人分をひとつにするか、ふたつにするか迷う微妙な大きさでもある。まぁ、迷ったら多めにつくってたくさん食べちゃおう。

ヤリイカの詰めもの

2人分
ヤリイカ　小さめ4はい
A
- ニンニク　⅓かけ
- イタリアンパセリ　大さじ1
- 玉ねぎ　¼個
- 豚ひき肉　50g
- ズッキーニ　⅓本
- プチトマト　4個

塩、黒こしょう　各適量
オリーブ油　大さじ2強
パルミジャーノ　大さじ2
パン粉　大さじ1

1 ニンニク、イタリアンパセリは刻む。ズッキーニは1.5cm角に切る。プチトマトはヘタを取り、4等分。玉ねぎは粗みじん切りにする。
2 イカは内臓を取り出し、とっておく。胴と足は真水で洗って水気をふく。胴は皮をむく。足は粗みじん切りにする。
3 フライパンにオリーブ油大さじ1を熱し、Aを順に炒め、イカの足はひき肉の次に炒め、塩、黒こしょうをふる。
4 イカに3を詰めて楊枝で止める。
5 オーブンを190℃に温める。耐熱皿にイカを並べ、残りのオリーブ油をまわしかける。おろしたパルミジャーノとパン粉を混ぜたものを上にのせて約20分焼く。

や

ヤングコーンの香味和え

柚子いなり

「きっちり、ちゃんと火を通すおいしさってあるよね」と彼女は言った。中途半端だと青臭くてなんだか胸焼けする感覚。よくわかる。ゆでるにしても、焼くにしても、しっかり火を通すとヤングコーンは瑞々しく、甘くなる。でも、ヤングコーンが好きだなんて、とめずらしがられた。

いつだったか、めずらしがられたことを過信しすぎていた。注文したサラダにヤングコーンが入っていた時のこと。すかさず、パクッパクッと数少ないヤングコーンを全部食べたら、一緒にいた料理上手で大食いの男友達にすごい勢いでにらまれた。あれれ？ もしや、あなたもヤングコーン好き？ と目で合図するとコクリとうなずき、次に悲しそうな目をした。にらまれた方がまだましだった。悲しい顔をされたら、申し訳ない気分になってくる。そうか、料理好きはヤングコーンが好きなのね？ いやいや、そうではないけど、ここにもいたか、ヤングコーン好き。ごめん、ごめん。次は全部、食べていいからね。

(や) ヤングコーンの香味和え

2〜3人分
ヤングコーン　12本
姫きゅうり　4本
しょうが　大1かけ
ニンニク　1/3かけ
タカの爪　1/2本
酢　大さじ2
きび砂糖　小さじ1 1/2
しょうゆ　小さじ1
塩　適量
ゴマ油　大さじ1

1 ヤングコーンは塩ゆでして冷水にとり、水気をよくふいて縦半分に切る。
2 きゅうりは縦半分に切り、種を取る。
3 しょうが、ニンニク、種を取ったタカの爪を乳鉢に入れてつぶす。そこに酢、きび砂糖、しょうゆ、塩、ゴマ油の順によく混ぜる。
4 全てをよく和えて、冷蔵庫でしばらくなじませる。

冬至の夜はお風呂に入るのが楽しみだった。そこには決まって2つの柚子がテニスボールのように浮かんでいた。「柚子をつぶしちゃダメよ」と言われていたけれど、そんなことはムリだ。だって浮かんでいるだけじゃ香りがしない。温まった両手でゆっくりギュッギュッとすると湯船いっぱいに柚子の香りが広がった。そうそう、この香りがなくちゃ。しまいにはスリスリと肌になすりつけていた。

柚子は口にするとほろ苦さとともに、ふわっと香りが広がっていく。その瞬間風速はかなりのもの。その後のホッとする感覚は冬至のお風呂のようだ。この香りには心を落ち着かせる魔法の成分が入っているのだろう、といつも思う。

柚子の皮はもちろんのこと、しぼり汁もたっぷりと使って柚子いなりをつくる。さっぱりとした柚子のごはんを甘辛いお揚げで包み込む。ひと口、食べるとギュッと口いっぱいにさわやかな甘みが広がる。

柚子いなり

12～14個分
油揚げ　6～7枚
かつおだし　300ml
　砂糖　大さじ5
Aみりん　大さじ2
　しょうゆ　大さじ4～5
練りがらし　適量
[寿司飯]
米　2合
昆布　2cm
酒　大さじ1
柚子果汁　柚子1個分(約30ml)
酢　約30ml(柚子果汁と合わせて60mlになるようにする)
砂糖　大さじ1
塩　小さじ1
柚子の皮　1個分
白ゴマ　大さじ2

1 油揚げは熱湯で3分ほど油抜きする。水気をきって菜箸でしごき、半分に切る。
2 かつおだしに油揚げを入れてひと煮たちさせたら調味料Aを加え、落としぶたをして弱火でゆっくり煮る。煮汁がほぼなくなったら火を止め、そのまま味をふくませる。
3 米を研ぎ、30分以上ザルにあげてから、2合分の水と昆布、酒で炊く。
4 合わせ酢をつくる。柚子の果汁に酢を足して60mlにして砂糖と塩をよく混ぜる。
5 ごはんは炊き上がり後10分で飯台にあけ、合わせ酢をまわしかける。しゃもじで切るようにして合わせ酢をなじませる。うちわで扇ぎ、艶を出す。
6 柚子の皮を細かく刻んで、煎った白ゴマと **5** の寿司飯に合わせる。
7 油揚げの煮汁を切って **6** を詰める。練りがらしを添える。

ゆ

湯葉とふきのとうの和えもの

ゆ

ゆり根とそら豆のかつおだし

またしても豆です。どうして、こんなに豆が好きなんだろう。しかも湯葉は豆の味が一番、濃縮されているように思う。豆乳を土鍋で温めると表面に湯葉ができる。その温かい湯葉をすくって口にすると、なんともゆったりとした気分になる。鍋から立つ、ふわりとした湯気がそういう雰囲気にさせるんだろうか。京都の先斗町のおばんざい屋さんで食べる、京野菜を炊いたあんかけ。おだしの効いた熱々の滋味な一品なのだけど、そこに入っている生湯葉がなんともいい味。野菜とあんをつなげていて、なくてはならない存在なのだ。とろりとして温かく、どこまでも優しさに包まれている。

また、汲みあげ湯葉を蒸したものを食べた時のこと。それはインゲンと一緒に蒸してオリーブオイルと粗塩を少しふったシンプルなものだったのだけど、食べるとものすごく濃縮されたいいだしの味がして、まるで魚介のエキスが入っているかのようだった。それは湯葉のギュッとしたうまみが温かさに溶け出していたのだ。湯葉はやわらかな繊細さと凝縮したうまみの強さの両方を持っている。

ゆ　湯葉とふきのとうの和えもの

2人分
湯葉(生湯葉)　2枚
ふきのとう　小10個
酢　小さじ2
塩　適量
オリーブ油　大さじ1

1 ふきのとうは縦半分に切ってすぐに水にさらす(切ったそばから)。
2 沸騰した湯に塩を入れ、1をさっとゆでる。流水にとり、熱がとれたら、水にさらして数回、水をとりかえる。
3 水気をしっかりしぼり、酢をふる。
4 ボウルに3と湯葉を入れて合わせ、オリーブ油、塩をかけて和える。

特別扱いを許してほしい、どんなことがあっても君を守るって感じ。存在を知ってから間もなく、私はゆり根に恋をした。日常の素材ではない特別感もあるけれど、扱う時はいまだに、緊張にも似た慎重さがある。ていねいに、ていねいに扱いたいところだし、食べる時にも居ずまいを正すかのよう、ありがたい気持ちになる。

ゆり根との出合いはずいぶんと遅かった。まして自分で料理するようになったのはつい最近のこと。とっつき難さでいったらずいぶんだ。オガクズで覆われて姿が見えないし、姿を見ても、どう料理するのがいいか想像が働くまでにも時間がかかった。球根を食べるだなんて、おもしろいなと一枚一枚、りん片をはがしながら、いつも思う。そして贅沢な食べものだな、とつくづく思う。ゆり根とはまだまだ、初々しいつき合いが続いている。

そしてこの先、長いつき合いになることは確信している。

ゆり根とそら豆のかつおだし

ゆ

2人分
ゆり根　1個
そら豆　100g
かつおだし　150ml
酒　小さじ2
塩　適量
オリーブ油　適量

1 ゆり根は洗って一枚ずつ包丁で切りとり、汚れている部分は取り除く。
2 そら豆は薄皮をむく。
3 平らな器に1、2を入れ、かつおだしと酒を注ぐ。
4 蒸気のあがった蒸し器で8〜10分蒸す。
5 塩をふり、オリーブ油をまわしかける。

落花生と塩鮭のおむすび

ラディッシュと穂じそバター

初めて食べた時の衝撃が強く、その後も気になって仕方がないというものはどれほどあるだろうか。気になったものを追いかける気持ちは半ば執念に近い。思い出すそのひとつは、あまりに美味しくて手が止まらなくなってしまった生の落花生。煎った薄皮つきのいわゆる落花生ではなく、生を塩ゆでにしたもの。なんとも言えぬ、しっとりとしてやわらかな味は煎ったものとはまるで別もの。まさに衝撃的だった。それからは、どうしても食べたくて季節になると目を皿のようにして探し、最後には千葉の農協にかけあった。生の落花生は傷みやすく、流通に向かないんだそうだ。でもここ最近、少し東京でも目にするようになった。見つけたら迷わず、買うことは言うまでもない。しかも、ひとり占めしたい気持ちを抑えながら。執念とか、執着とか、食べものに限っては、良しとしている。

生の落花生のおいしさを知ってから、煎った落花生もひいきにするようになった。ダントツは生だけど、煎った落花生をやわらかく料理するのもおもしろい。

ら 落花生と塩鮭のおむすび

つくりやすい分量
落花生（薄皮つき）　60g
塩鮭　1切れ
米　2合
酒　大さじ1
塩　小さじ½

1 米は研いで30分以上ザルにあげておく。落花生は薄皮をむく。
2 鍋に米、水360mlを入れ、30分以上おく。
3 2に落花生、酒、塩を入れてさっと混ぜ、塩鮭をのせて炊く。中火強で沸騰したら弱火にして11分。火を止めて10分蒸らす。
4 鮭の皮と骨を取り除き、ほぐしながら全体を混ぜる。おむすびにする。

パリは、嫌いなわけではないけれど、苦手な部分がずっと私の中にあった。なんと言えばいいのか言葉では表せない。だったら、行かなきゃいいのに、でも、ほぼ毎年行き続けていた。その苦手さが色濃い時は映像でいえば、パリはずっと私の中でモノクロだった。それがいつからか、色はカラーになり苦手に感じていたものは不明のままだけど、なくなりつつある。なんで変わってきたのかなと思い返すと、それはマルシェで素材を買って自分で料理したことがきっかけだった。じゃがいもや豚肉、いちご。なんてことない素材なのに、こんなにも濃くて味が深いことに驚き、料理するのが楽しくて仕方なかった。なんだ、パリってすてき！ となったわけ。

この前のパリ。ビストロでラディッシュバターを前菜に頼んだ。旅先ではフレッシュな野菜をとることが日常よりは減るし、なんといってもバターは最上級においしいから。これがひとり分？ と驚く量だったけど、そのラディッシュは甘みとほろ苦さが凝縮されていて瑞々しかった。シンプルな食べ方は素材そのものがちゃんとおいしくないと成り立たないことを改めて教えてもらった。

ラディッシュと穂じそバター

2人分
ラディッシュ　食べたい分
穂じそ　適量
バター　たっぷり
粗塩　適量

1 バターは室温に出しておく。
2 ラディッシュは冷水にとり、半分に切る。
3 皿にラディッシュとバターをのせ、粗塩と穂じそを散らす。

レンコンの柚子こしょう和え

れ

レンズ豆のカレー

「とりあえず」という言葉はどちらかといえば、いい言葉ではない印象で捉えられる。そして便利な言葉でもある。後で考えればいいというように。あまりいい言葉ではない「とりあえず」を、私は好みの食材やあると便利な食材を買う時に心の中でつぶやいている。どう料理するかは後で考えればいい、とりあえず好きだから、便利だから買う、ということなのだ。本当なら「まずは好きなレンコンを」という具合に愛情を込めて、カゴの中に入れるべきところだ。失礼にも「とりあえず」でカゴに入れたレンコンは、今まででどれくらいになるだろうか。シャキシャキと食べるか、もっちりとすりおろして食べるか、「とりあえず」と後まわしにした気持ちが、いつも台所で揺れ動く。

今日はレンコンの形を活かして、しかも柚子こしょうと合わせて大人っぽく。白いだけのように見えるけど、柚子こしょうとオリーブオイルの少しくすんだ色合いが奥深く、溶けこんでいる。

れ

レンコンの柚子こしょう和え

2〜3人分
レンコン　200g
酢　60ml
柚子こしょう　小さじ⅓〜½
オリーブ油　大さじ1

1 レンコンは1mm厚さに切り、酢水(分量外)にさらす。
2 小鍋に酢と水200mlを合わせて、ひと煮たちさせレンコンを硬めにゆでる。
3 水気をきり、温かいうちにオリーブ油をまわしかけ、柚子こしょうで和える。

鈴ちゃん、元気にしてるかな？ 友人はネパールで今、一児の母となっている。大学の頃に数人で旅した初めてのネパール。到着して間もなくは皆、一様に軽いカルチャーショックを受けていた。もちろん、私も。あらゆることに心身ともについていけなかった。しばらくの滞在中、一番に馴染んでいたのは鈴ちゃんだったかもしれない。私は数年後、彼女を訪ねて再び、ネパールに旅することになる。彼女はその地にすっかり腰をすえていた。留学をし、暮らし、結婚をした。

ネパールの人は食べるものに関してとても保守的、というのが当時の私の印象だ。一緒に料理をしても、外食をしても新たな味に手を出そうとしない。彼らの定食はダルと呼ばれる、レンズ豆のスープ。これを主にして細長い白米とアチャールと呼ばれる野菜の漬けものを食べる。日本人の、白いごはんに漬けものにおみそ汁といったところだろうか。ネパール人の食卓にレンズ豆は必須アイテム。鈴ちゃんもきっと毎日、レンズ豆を料理しているんだろうな。

レンズ豆のカレー

つくりやすい分量
レンズ豆(乾)　100g
ほうれん草　½束
香菜　1茎
玉ねぎ　1個
ニンニク　1かけ
しょうが　1かけ
クミンシード　小さじ1
サラダ油　大さじ3
トマトホール　400ml
カレー粉　大さじ1½
ヨーグルト　大さじ3
タカの爪　2本
塩　小さじ1強
ピタパンなど　適量

1 レンズ豆は水に10分ほどつけ、たっぷりの水でやわらかくなるまでゆで、水気をきっておく。
2 玉ねぎ、ニンニク、しょうがはすりおろす(フードプロセッサーにかける)。
3 ほうれん草、香菜は細かく刻む。香菜の根は後で使うので取っておく。
4 鍋にサラダ油大さじ2を熱し、クミンシードと **2** を焦がさないように20分ほど炒める。
5 トマトホールを加え、カレー粉、ヨーグルト、香菜の根、タカの爪、湯400ml、塩を加えてよく混ぜ、15分ほど煮込む。
6 フライパンに残りのサラダ油を熱し、ほうれん草を炒め、レンズ豆と香菜とともに **5** に加え、塩(分量外)で味をととのえてさらに20分煮込む(一晩おくと味がなじむ)。
7 ピタパンなど、パンと合わせる。

わ

わさびとインゲンのオイルじょうゆ

渡辺有子

これはちょっとしたワザがいる。まぁ、恋のかけひきみたいなものであまりに気持ちが多くても疲れちゃう。でも刺激が少ないのもね……。あと、ひき際も肝心。ちょっとしたことだけに、難しさがある。そのきかせワザがうまくいったら、その効果は絶大。ふたりは幸せになれる、って何の話?? スパイスや香辛野菜の使い方の話なのだけど、大好きなしょうがや黒こしょうはいつも多めになりがち。まわりにストップをかけられることもある。そうそう、恋してしまうとまわりが見えなくなっちゃうタイプ。でも、わさびとは大人の恋をしなくてはいけない、スマートにね。加減が絶対なのだ。間違っても過分なおしつけはいけないのだ。

細胞をなるべく壊さないように縦に細く切れば、おいしい辛さが引き出されてわさびとの新しいつき合いが始まる。そう、ツンッとそっぽを向かれてしまわないように、いい余韻が残るつき合いをしていきたいところ。

わ　わさびとインゲンのオイルじょうゆ

2人分
わさび　1/5本
インゲン　16本
オリーブ油　大さじ1
しょうゆ　小さじ1

1 インゲンは茎を切り、塩ゆでして冷水にとってから水気をふきとる。手で半分にさく。
2 わさびは細切りにする。
3 **1**、**2** を合わせてオリーブ油をまわしかけ、全体にからめたらしょうゆをふり、全体を和える。

好きなものを選ぶという作業は簡単なようで難しい。

さて、自分は何が好きなんだろう？ と自問する。簡単と思って楽しく進むはずだった作業は思った以上に進まなかった。今の自分に向き合うことは今までの自分をも探ることになるってことだった。何を食べて、何を考えて、何をつくって、どう暮らしてきたのか。その時々に好きや大切があって、その時々の出来事や出会いがその時の私をつくり、その先の、今の、私の糧になっている。当たり前のことなのだろうけど、そのことに向き合う作業だった。

選んだ59個。だいぶ偏っていることに気がつき、驚いた。でも、ひとつひとつに好きな理由があるから、それをどう料理するかは意外なほど迷いがなかった。今の私が選ぶものは何か、ということは、料理家として素材に接してきた今までの、ひとつの集大成といえるのかもしれない。これが今の私の料理。

これからも手を動かし、料理をし、ともに食べる。それがこの先の自分をつくっていくのだと思っている。

渡辺有子

わ

1970年 → 東京・杉並に生まれ、その後、神奈川・横浜に越す。
1982年 → 12歳から22歳まで片道2時間かけて通学。
中学時代は放課後、代官山へ
高校時代は放課後、下北沢へ
大学時代も引き続き下北沢で。
1992年 → 人間関係学科という学業卒業と同時に
全く別ジャンルの料理家アシスタントの道へ。
1993年 → 右も左もわからず、挫折!?
にもかかわらず、すぐにまたアシスタントに。
1996年 → 料理家として独立。雑誌を中心に仕事をする。
著書に
『ひと皿ごはん』(文化出版局)、『普段の器』(主婦と生活社)、
『春には豆ごはんを炊く』(アスコム)、『東京・和菓子手帖』(山と溪谷社)、
『日々の食材ノート』(筑摩書房)
などがある。
2008年 → 料理家12年目に入る。
今後　いつの日か、夕方から開く「食堂」なんていうのができたら
楽しく毎日を過ごせるんじゃないかな？ と妄想している……。

料理・スタイリング・文　渡辺有子　　撮影　小泉佳春　　ブックデザイン　若山嘉代子　L'espace

渡辺《わたなべ》有《ゆう》子《こ》の料理《りょうり》 あかさたな

2008年6月30日　第1刷発行

著　者　渡辺《わたなべ》有《ゆう》子《こ》
発行者　木俣正剛
発行所　株式会社 文藝春秋
〒102-8008　東京都千代田区紀尾井町3-23
電話 03-3265-1211(代)
印刷所　光邦
製本所　大口製本

ISBN 978-4-16-370240-7